原來手帳這樣玩

鄧小熊(鄧家瑛)/ 著

目 錄

PART 1

跟著手帳一起過生活

PART 2

創造回憶的好幫手

PART 3

跟著小熊一起寫手帳

週記事手帳——生活安排的好幫手

日記事手帳——每天一頁，繽紛記錄每一刻

繪畫記錄手帳本——記錄更多獨特細節

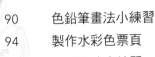

空白筆記本──從無到有，絕不撞本的專屬手帳

收納筆記本──生活素材隨手收，完整保存不怕亂

PART4

跟著小熊採買去

想起要寫這本書的契機，
真是一種很奇妙的緣分開始。

「寫手帳是一件開心的事情。」因為好想要把這樣的心情跟大家分享，所以開始在網路上面跟陌生人分享自己的手帳內容。隨著越來越多的朋友支持，當編輯玲宜找我出書的時候，我就說很想寫一本可以讓大家都愛上寫手帳的書。

還記得，小時候看展覽，特別喜歡看畫家的手稿，也很喜歡看他們隨手記錄生活的小細節，這也是我開始寫手帳的契機，總覺得有一天回過頭來看這些無謂的瑣碎小事，會很有趣。寫手帳真的沒有所謂的門檻，只要有一本手帳、一支筆，就可以開始記錄自己的生活。從最細微的每天幾點起床，洗臉刷牙吃飯都可以，也許你會覺得這很無聊沒有什麼好寫，但是時間久了，翻到自己當初寫下無聊瑣碎的小事，都能讓你會心一笑。

　　當然寫手帳的這些年，我也不是那麼的有毅力，偶爾會遇到心情沮喪的時候或想要忘掉的不愉快，就會停止下來，畢竟希望自己的記憶都是開心快樂的各種小事。但是，即使將這些情緒記錄下來，之後再看到也只會一笑置之的。

　　這本書最大的功臣就是玲宜！沒有她耐心地等待我，細心地幫我顧慮到各種大小事，我想這本書大概會一直到現在都還在我的腦海中。當然還有一直在我身旁支持我的胖達和媽媽，及咖啡店裡耐心等待我的客人們，為了這本書，斷斷續續地讓咖啡店休息了好一陣子，但是他們總是在我開店的時候給予我鼓勵，讓我有力量能夠持續下去。

　　不知道這本書是否能夠傳達我喜愛寫手帳的情緒，讓大家也跟我一樣覺得寫手帳真的很好玩。如果說，你看完這本書後，也想跟我一樣提起筆開始記錄生活，那就真的是太棒了！

INGRID
2014. SEP.

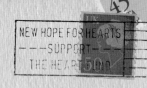

PART 1

跟著手帳一起過生活

百種手帳就有百種特性，

外形好看的、紙張好書寫的、格式不同的……

每一本都有獨特的迷人風格，

一起來看看，這些生活夥伴們的誘人小祕密吧！

This side up ⬆

試試看！

找出最合手的迷人手帳

　　我總是很佩服一種人，可以專情專心地使用一本手帳，看到新出的或是特別的都不會動心，也許，我就是花心的人。

　　對於手帳花心的理由很多，不外乎是外形好看、紙張好書寫、用途不同、格式不同……等。因為自己的使用哲學是——沒親自試用過，怎麼知道適不適合？所以，手邊的手帳本廠牌種類多到數不清的境界，也常常有寫到一半就放在旁邊的狀況發生。正因為自己試用過後，才發現沒有一本真正完美的手帳，每一本手帳都有不同的功能性和特質，適合在不同的時間或場合使用。

　　所以，在這裡和大家分享，自己這幾年來最喜歡使用的幾款手帳，每一本都有著不同的迷人特性，相信你們看完之後，也會有機會跟我一樣變成花心的人。

週記事

Moleskine Weekly Notebook，
超過十年的工作夥伴

　　一直到現在，Moleskine Weekly Notebook 依舊是我身邊不能缺少的手帳夥伴之一，簡單的格式和線條可以方便記錄一週的行程。

　　左半邊的日期標示是從星期一開始，可以在最上面寫下當週給自己的目標提醒，然後再每天記錄生活和行程。右半邊則可以隨時補充其他的資訊。最喜歡軟皮革的外皮，拿起來手感很好也喜歡這樣大小適中的尺寸，可以讓我直接放入牛仔褲後面口袋。

　　剛開始寫週記事時喜歡都用黑筆填寫，感覺很有一致性，只是用久了發現會找不到當天的重點，所以才開始使用不同顏色的筆來標示不同的生活狀態。以後翻開手帳，雖然乍看花花綠綠，但是就能看得出當天概略的生活心情，在日後回憶起來也是很有趣的一部分。

　　因為 Moleskine 的紙張比較不耐水性，像是鋼筆，彩色筆，水彩，油性筆……只要寫上去字跡就會輕微滲透到背面。所以我通常會用細字水性筆來記錄，搭配色鉛筆上色，偶爾會用紙膠帶或貼紙作為裝飾。

● 週記事特色→行程規劃清楚，適合需要安排許多會議和約會的人。

搭配使用的文房具：
黑色水性筆、Prismacolor 油性色鉛
筆、Muji 自由組合三色筆、紙膠帶、
貼紙。

日記事

ほぼ日手帳，
魔法紙張創作得力助手

目前是ほぼ日手帳二年級生的我，在第一次使用這本手帳時，發現他最驚人的地方是「怎麼可以吃這麼多水？」還沒使用之前，看到網路上很多達人示範在上面直接用水彩上色，這點真是讓我覺得太驚喜。喜歡用各種工具來繪圖的我便深深覺得，這是早該要擁有的一本手帳呢！

第一年用的是文庫本大小，覺得紙張輕薄又很方便書寫。美中不足的只有尺寸，對於想要拿來在上面畫圖的我來說稍嫌太小。於是第二年轉到 A5，就可以在上面自由的作畫，更能完整的收藏名片與票根等紀念小物。

ほぼ日手帳除了每天一頁之外，前面還有月記事、週記事可以使用，安排起工作行程時也會比較方便。

而且我最喜歡它每天一頁的左半邊，有小小的時間軸，從上午四點開始至凌晨三點；我習慣把自己一天的行程記錄在這邊，旁邊再加上插圖來做搭配。ほぼ日手帳的紙張特別薄，有點類似聖經紙，但是卻非常的耐水性，所以我都會用鋼筆在上面寫字，再用水彩上色畫圖。

也因為紙張比較薄，最好盡量避免用紙膠帶做裝飾；紙膠帶材質遠比手帳內頁還要厚，貼上之後會讓手帳膨脹起來，久了反而讓手帳變得不方便隨身攜帶。

● 日記事特色→適合很喜歡寫字、想記錄的內容比較多又有收集癖的人。

搭配使用的文房具：
Sarasa Clip 0.3、鋼筆搭配防水墨水、
水彩、薄墨螢光筆。

空白本

Moleskine 水彩本，
創造個人的小繪本

　　Moleskine 手帳本也有口袋系列，顧名思義，就是可以剛好放進胸前襯衫口袋大小的手帳本。這樣的尺寸在攜帶出門時很方便，我自己喜歡拿來當作練習畫圖的迷你小繪本。

　　小繪本特別挑選用水彩紙本，因為它的紙張吸水性強、材質較厚，所以能渲染不同的顏色，並且正反兩面都可以好好利用。

　　也因為水彩紙紙色潔白，又帶有細緻的紋路，目前用過許多工具在上面繪畫都十分顯色，也不易色偏；當我想畫出有材質感的圖畫，像是小熊、鬆軟的食物等，也更容易呈現出想要的效果。

●水彩本特色→適合喜歡畫畫、想練習用繪圖記錄生活的人。

搭配使用的文房具：
水彩筆、毛筆、色鉛筆、水彩盒、
自動筆、橡皮擦、削鉛筆器。

空白本

Midori MD Paper 滑溜溜的紙張，長途旅行的紀念冊

　　旅行本，會依照旅行的時間尋找不同的合適手帳。時間短的，可能用 Moleskine 萬用卡片，一份四頁就能為特別的旅程寫下完美的回憶；但如果遇到時間長的，就必須要找一本大小適中、可以耐水性不怕凹折的手帳來使用。特別是自從開始用鋼筆後，一直在尋找可以耐住鋼筆墨水的紙張，除了ほぼ日手帳之外，Midori MD Paper 就是我的第一個選擇。

　　一直以來很喜歡格子內頁，也總是在尋找有隔線、又不會影響到書寫的手帳。MD Paper 裡面淡藍色的線條，就是最理想的樣子。沒有固定的日期格式，也有很多不同的尺寸可以挑選，相當適合長途旅行的時候拿來做成旅行本。

　　通常出國玩之前，會把旅行手帳分成行前準備、消費記錄、旅行記錄、裝飾素材……等，分別安插在手帳裡面，並且會在最後的頁面做幾個收納袋，用來分裝票根和收據。

● 旅行手帳特色→適合經常旅行和不喜歡固定格式的人。

> 搭配使用的文房具：
> 微笑鋼筆、吸墨器、牛頓 14 色外出水彩盤、0.38 中性筆、紙膠帶。

空白本
美食、咖啡的回憶收藏

　　曾經開玩笑的跟朋友說過，因為太喜歡畫食物還有熊，所以乾脆把圖案畫在牛皮紙上面，也許這樣就可以減少咖啡色系的色鉛筆使用量。而且油性色鉛筆很有趣，就像是疊疊樂，顏色總是可以一層又一層的堆疊起來，在牛皮紙上面也會特別顯色。

　　也許就是因為大地色系與牛皮紙色相當契合，我便習慣把喜歡的咖啡館記錄在這本手帳裡面。先用鉛筆在紙張上打草稿，再用黑筆描下邊框，最後搭配油性色鉛筆著色，也會寫上一些心情文字呼應。

　　就這樣，一本屬於自己的咖啡館收藏冊完成！

●咖啡館筆記特色→適合喜歡探索美食與咖啡店的人。

搭配使用的文房具：
油性色鉛筆、鉛筆、橡皮擦、
0.38 中性筆。

收納本

Moleskine 硬殼空白本，
自己的零食型錄

一直以來都好喜歡收集各式各樣的包裝袋，喜歡觀察別人設計的元素，當然也很喜歡上面可愛的插圖。以前會直接把包裝袋黏在常用的手帳裡面，後來發現喜歡的包裝袋實在太多，總是很容易就把手帳本給撐胖了，所以就另外準備一本手帳，專門用來收藏包裝袋，把內容弄得像是小型錄，方便與朋友們一起分享。

目前挑選的是 Moleskine 硬殼空白本，把喜歡的包裝拆開來後通通黏在上面，並且寫下遇見這個包裝時的感覺，還會寫下打開後發現內容物的內心對話，這樣的剪剪貼貼很有趣呢！

使用硬殼本的最大好處是，不用擔心在拿取時會傷害到收藏品，最後看到收藏手帳變得厚厚一本就會很有成就感喲！

● 硬殼收納本特色→手帳控都需要一本！方便收納體積較大的妝點相關素材。

搭配使用的文房具：
剪刀、刀片、滾輪雙面膠、
紙膠帶、1.0 代針筆。

偶然在便利商店發現的巧克
力，有咖啡果凍和檸檬紅茶兩種口味。

收納本

MUJI 自黏相簿，
貼出屬於自己的小雜誌

　　平常喜歡收集各種雜誌上面的小圖片，有時候是中意的商品，有時候是可愛的包裝，但沒有辦法一一買回家，所以就把照片剪下來，方便以後運用在手帳上面。

　　一開始會把剪好的小圖收藏在「集郵冊」裡，小小的格子可以讓圖片擺放整齊。收藏久了發現圖片越來越多，乾脆用它們拼貼成一本屬於自己心情上的小雜誌。

　　這時候，找到了 MUJI 的自黏相簿，A4 大的尺寸幾乎可以把雜誌上的所有圖片全部收納跟排版，底色是少見的米白色，看起來很清爽舒服。

　　自黏相簿的好處是可以重複黏貼圖片，上面有一層透明的保護膜可以防止圖片弄髒，就連路邊撿到的樹葉，壓乾之後收納在裡面也能好好的保存。排列的時候我會儘量將相同色系放在一起，把收藏到的小紙片放進去之後，在當頁自訂一個小主題，看起來真的就像是雜誌一樣呢！

● 自黏相簿特色→可重複黏貼，適合收納體積較小的圖片或照片。

搭配使用的文房具：
剪刀、刀片、紙膠帶、油性筆、鑷子。

創造回憶的好幫手

PART 2

介紹各種寫手帳必備的基本工具，

只要挑選幾支最適合自己的黑筆、色筆，

一起打開手帳本，準備開始記錄生活的點點滴滴吧！

寫手帳的常用工具

　　身邊的朋友常常說，不是已經有好多支黑筆了嗎？又或是，買這麼多文具要做什麼？我想，就像很多女孩子會喜歡買不同的化妝品一樣，文具對我來說就是手帳的化妝品。

　　總是覺得不同的手帳適合使用不同的工具來書寫、裝飾，自然而然就會越買越多不同功能的文具了。這些好幫手們都是我從以前到現在，去逛各式各樣的文具雜貨店，買回來試用過而喜歡上的工具們。也許不是最高級也不是最有名，但他們對每一本手帳來說，都扮演著獨一無二的角色，少一個都不行呢。就讓我們一起來看看吧！

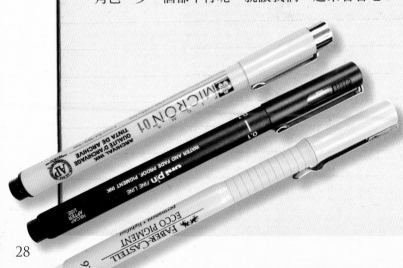

黑筆類

平常最習慣用來寫字的就是黑筆，因為功能性和使用方式各不相同，適用的手帳廠牌也不同，所以手邊黑筆也相當多種。

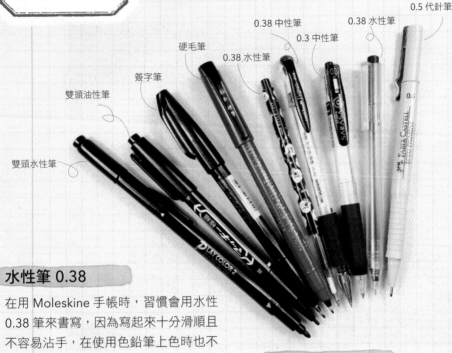

雙頭水性筆
雙頭油性筆
簽字筆
硬毛筆
0.38 水性筆
0.38 中性筆
0.3 中性筆
0.38 水性筆
0.5 代針筆

水性筆 0.38

在用 Moleskine 手帳時，習慣會用水性 0.38 筆來書寫，因為寫起來十分滑順且不容易沾手，在使用色鉛筆上色時也不會暈開。

奇異筆、油性筆

專門用於紙膠帶上寫字或是畫手帳封面。因為油性筆不怕水，在封面寫字繪圖可以常保持久呢！

硬毛筆、自來水毛筆

偶爾想要強調重要的事項就會用這種筆來寫字，不論是藝術字或是毛筆字都很好發揮。

中性筆 0.3

開始使用ほぼ日手帳之後，會習慣在上面用水彩著色畫插圖，這時候就開始尋找好用且遇水不會暈開的黑筆。中性筆防水性都很好，乾了之後用水彩直接塗過也不會暈開。

代針筆 0.01～1.0

我會用不同粗細的代針筆來畫圖、描邊。代針筆的特性是筆頭偏硬，不容易因長時間書寫而讓線條粗細產生變化。

色筆類

有時候想要輕鬆的做重點標示，就會使用色筆直接書寫。不論是上色，或是寫目標設定都很適合。

螢光筆、彩色筆

現在螢光筆的選擇種類很多，像是薄墨色系，顏色看起來比較淡雅不會太強烈；另外也有擦擦筆系列，畫過的地方如果不想要，用筆尾就可以輕鬆擦拭掉。

彩色筆選色時除了挑選自己喜愛的顏色購買之外，也會為了要記錄不同事項而準備不同顏色。其中雙頭水性彩色筆，細的一邊直接用來寫內文重要的字句；另一邊粗的則用來寫標題文字，偶爾拿來畫圖上色也很方便呢！

31

水性色鉛筆

因為喜歡畫圖，身邊隨時都有許多不同的上色工具，而色鉛筆是我最頻繁使用的工具之一。水性色鉛筆上色起來顏色比較柔和，用水筆沾濕會呈現水彩的效果，但也有小缺點，色彩飽和度比較低，如果不小心弄濕了，手帳上面的顏色就會暈開來。

水性色鉛筆

油性色鉛筆

油性色鉛筆

飽和度高，容易讓畫面色彩鮮豔，但也有小缺點，因為疊色的緣故，常常會在寫字時複印到前一頁而影響保存，而且遇到中性筆打稿時，還會讓黑色線條暈開呢！

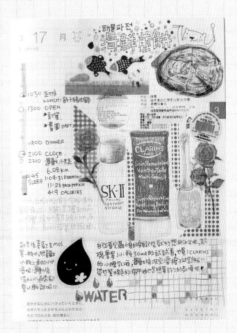

水彩

另一種常用的上色工具就是水彩。不過水彩最大的缺點就是會挑紙。太薄的紙張畫過之後會明顯的變皺不平整。而目前用過最適合以水彩上色的手帳,就是ほぼ日手帳和 MD Paper。

右圖是我的外出用水彩盒,原本是 14 個小顏料塊在裡面,但為了想要更多特別的顏色,就把其中的白色色塊拿掉,擠上自己另外需要的顏色。常常有人看到我的水彩盒後說:「這也太髒了!每次用完應該要洗一下喲!」我都會笑著回答,之前調出來的顏色是最棒的「特製顏料」,才不要把它洗掉呢。所以,用完的水彩盤不一定要清洗乾淨啦!

33

裁切類工具

自己身邊的剪刀和刀片數量也幾乎和黑筆一樣多，大多是因為功能性和需求不同。

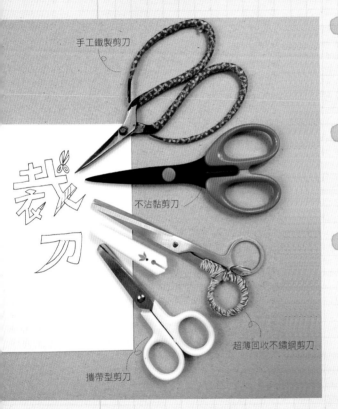

手工鐵製剪刀

不沾黏剪刀

超薄回收不鏽鋼剪刀

攜帶型剪刀

裁刀

手工鐵製剪刀

這把可以剪出各式各樣的細節，當初在購買時聽老闆說，很多剪紙的師傅都是用這種剪刀。

不沾黏剪刀

很多時候我們會把貼紙或紙膠帶剪成自己想要的模樣，這時候使用這把剪刀就十分適合。

攜帶型剪刀

出門偶爾會需要用到剪刀，而這把用回收不鏽鋼做成的薄型剪刀很方便攜帶，可惜剪多了手指會有一點不舒服。

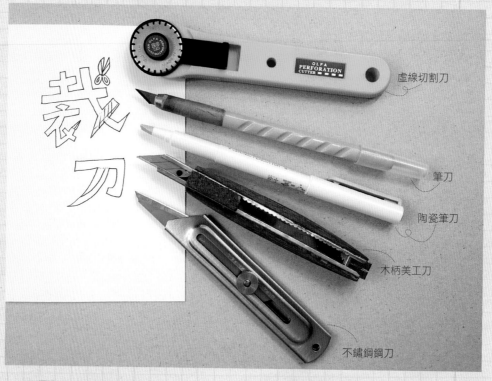

裁衣刀

虛線切割刀

筆刀

陶瓷筆刀

木柄美工刀

不鏽鋼鋼刀

虛線切割刀

有時候會想要製作屬於自己的小票券，
這樣的切割刀會切出不連續的刀痕，
不會一次就把紙張切斷。除了可以自
己製作票券外，也可以把大張的紙片
先劃好刀痕，做成小張便條紙使用。

筆刀

手邊有兩把不同的筆刀用來刻印章，
一把是原來的鋼製刀片，在切除大面
積時很好使用；另一把則裝上手術刀
片，因為手術刀片很薄，在刻細節的
時候比較方便。

陶瓷筆刀

出門玩最喜歡收集各式各樣的標籤貼
紙，這把刀就是為了切割這些東西而
設計的。刀頭很短但十分的銳利，就
連咖啡紙杯上面的裝飾圖案都可以輕
鬆地切割下來。

木柄美工刀

美工刀外層用木頭包覆，讓刀子使用
起來更順手。

其他類工具

紙膠帶、貼紙

真的好喜歡紙膠帶，因為用手就可以撕開，又有很多花色可以選擇，還能拿來標示或當成上色工具。紙膠帶的品牌眾多，大多時候會依照自己喜歡的圖案或色系去收集。會備齊每種顏色一小捲，這樣方便貼畫配色使用。

平常外出時，會把紙膠帶依照色系不同，分類捲在塑膠片上。塑膠片裁成跟筆袋同寬的尺寸，可以方便收納。

現在市面上的貼紙，都有專門為手帳設計的尺寸。大小剛好，也有表現當天心情狀態的圖案，偶爾不想畫圖的時候就能派上用場。我也會去買整張輸出用的空白貼紙，平常沒事在上面塗鴉，剪下來之後就變成自己專屬的貼紙了。

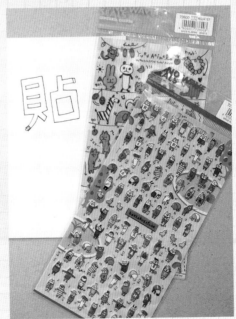

印章、印台

最常用到的是日期章,在旅遊時可以使用。另外還有能自己填色的數字章,蓋上後把數字依照筆畫著色,會變得特別顯眼。自從我上過刻章課程之後,自己也會畫些手帳需要使用的插圖,再把它刻成印章,這樣之後要重複記錄時就非常便利。

蓋在手帳上面最常使用的是 YOW 和 MARK's 的印台。這兩款的油墨蓋在各家手帳上都不容易滲到背面,比較不需要擔心。

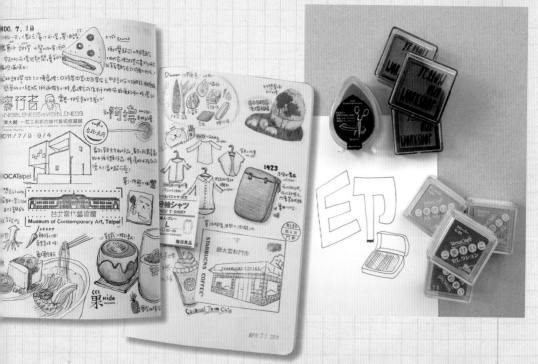

清潔工具

在手帳上寫錯字的時候，通常會直接塗改後進行接下來的書寫，不過現在有方便的立可帶可以使用，方便大家修改錯字。

在畫鉛筆稿的時候，比較常用到橡皮擦來做修改，水彩上色之前會用橡皮擦輕輕擦拭鉛筆線條。橡皮擦也有分成軟性和一般市面上常看到的硬性橡皮擦，軟性橡皮擦有點像是軟黏土，畫炭筆素描時較常使用，可以輕柔的擦拭掉鉛筆線條，但比較容易擦不乾淨。而硬式橡皮擦的清潔力則是比較傑出的喲！

黏貼工具

因為喜歡收集各式各樣的標籤還有傳單，黏貼用的工具當然不能少。

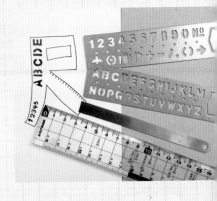

最常用的是滾輪雙面膠，外型和立可帶很像，滾在想黏的紙片上就好了，不需要擔心是否還沒乾透。

再來是口紅膠，現在的口紅膠牌子越來越多，自己私心喜歡的是筆型，攜帶方便，可以黏細小的紙片；但大面積的就會用變色口紅膠，這樣才看得清楚是否有塗到。

尺

平常使用的尺，是塑膠但有鐵片在旁邊的，這樣方便切割使用，又不用擔心會傷到尺本身。

另外還有圖形模板尺，上面有許多簡單的圖案可以直接畫在手帳上。也有上面是數字或英文的尺，用來寫重要事項和目標很好用呢！

筆袋

筆袋對我說就像是化妝包，可以把工具好好收納在裡面。也會依照不同情況帶各種筆袋出門。

黃銅筆盒

輕便出門時，我會帶上兩支黑筆、一支鉛筆和橡皮擦，這時候會用黃銅筆盒，大小剛好可以把這些工具放進去。蓋子上面則會準備一些小型便利貼，想使用的時候隨手可得。

布筆袋

要外出工作，就會用布筆袋把工具依照位置放入。這個布筆袋原本是為攜帶餐具而設計的，上方有多的布可以折下來，這樣就不用擔心工具會掉出去，而且捲起來就可以帶出門了。

包中包

要長時間外出或旅行，我會把文具分類收在這個袋子裡面。因為口袋和拉鍊很多，能將各種小東西收納整齊，稱得上是完整的小工具包。

PART 3

跟著小熊一起寫手帳

4 大類不同功能的手帳——

週記事、日記事、空白筆記本、收納筆記本……

分享最好玩、最有意思的記錄，

留下屬於自己，獨一無二的小日子。

週記事手帳──
生活安排的好幫手

　　如果使用者是一般上班族或學生們，會建議使用週記事。週記事的左頁能清楚看出一週七天有哪些重要事項，右頁則可隨時補充當週活動的重點，行程規劃也比較容易看得懂，對於需要安排很多考試、會議或約會的人來說很方便呢！

從寫流水帳開始，更能清楚認識自己

　　身邊的朋友每次看到我拿出 Moleskine 週記事都很好奇，你怎麼會有這麼多事情好寫？好像也沒有天天都有很特別的事情發生，但是卻可以把一本手帳寫得密密麻麻。

　　以前唸書的時候，記錄的東西比較簡單，像是功課要交的時間、展覽時間……等。開始工作後總是記錄自己的工作，一樣是行程表、截稿時間……等。

　　一直到這幾年，翻開手帳看看，好像沒有記錄跟自己比較有直接關係的事情，所以就開始像是流水帳一樣什麼都記錄上去。雖然在別人眼裡看起來好像有些無趣，但是自己每隔一個月回顧的時候，就會發現過去這個月自己好不好，有沒有按照計劃好好工作，有沒有和朋友見面……等。也是一種很不錯的回憶呢。

手帳的記錄項目

天氣

多麼無聊的一個記錄啊！但是久了就會發現，自己會在無意間配合天氣過生活，之後也好安排生活計劃呢！

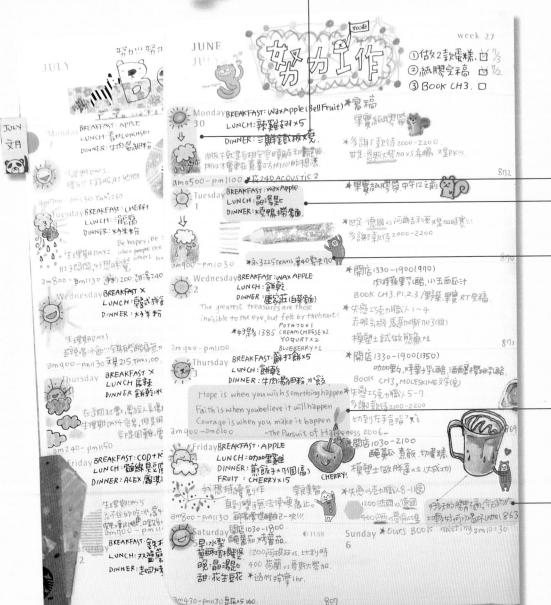

努力工作

week 27

① 做2款蛋糕. □ 7/3
② 紙腸完稿 □ 7/2
③ BOOK CH3. □

JUNE

Monday 30 BREAKFAST: WaxApple (Bell Fruit)
LUNCH: 辣雞翅×5
DINNER: 三鮮韭菜×党

★寫稿
果實紙腸帶

朋友下就是與我心愛的到來和感動，所以不需要去羨慕別人的想法。

★多謝招待 2000-2200
世足：哥斯大黎 no vs希臘 又是PK!!

am500-pm1100 花240 ACOUSTIC 2

★果實紙腸帶 中午12之前

Tuesday 1 BREAKFAST: waxApple
LUNCH: 晶晶豆
DINNER: 烤鴨珍珠麵

★世足 德國 vs 阿爾吉利亞 又是加時賽!!
多謝招待 2000-2200

am900-pm1030 永3225TRAVIS.第40號集P10

Wednesday 2 BREAKFAST: WAX APPLE
LUNCH: 鍋貼
DINNER: 鹿家莊(白胖麵)

The greatest treasures are those invisible to the eye, but felt by the heart!

★好影1385
POTATO×1
CREAM CHEESE×2
YOGURT×2
BLUEBERRY×1

★開店1330-1900(970)
肉球蘋果乳酪, 小玉西瓜汁
BOOK CH3.P1.2.3 /野菜果實 RT完稿.

★失戀巧克力就職1~4
赤眼系統 馬麦加嘴加3(圖)
模塑士試做熊魚灶

am900-pm1100

Thursday 3 BREAKFAST: 蘇打餅×5
LUNCH: 鍋貼
DINNER: 牛肉燴粉, 水餃

Hope is when you wish something happen.
Faith is when you believe it will happen.
Courage is when you make it happen.
-The Pursuit of Happeness 2006.

★開店1330-1900(1350)
咖啡豆, 烤栗子乳酪, 酒釀檸檬乳酪.
BOOK CH3, MOLESKINE 文字(完)

★失戀巧克力就職5-7.
多謝招待 2100-2200
切到到左手食指了(圖)

Friday BREAKFAST: APPLE
LUNCH: 咖咖里雙雞
DINNER: 煎餃子×切個(高)
FRUIT: CHERRY×15

我想持續創作
直到雙手無法使喚為止.

CHERRY!

★開店1030-2100
醃蔥心 煮飯, 切蛋糕
模塑士做胖達×1 (大成功)

★失戀巧克力就職8-11(圖)
1200法國 vs 德國
1400 荷蘭 vs 巴西西亞

am800-pm1130

★努力的腸胃寶寶, 今天活著
比毒多妨, 向xx品杯Latte! 863

Saturday 開店1030-1800.
早: 水梨 醃蕃茄, 烤蕃茄
華蘇磨蛋堡 1200阿根廷 vs 比利時
晚: 晶晶豆 400 荷蘭 vs 愛斯大黎加
甜: 花生豆花 ★逐竹按摩 1hr.

Sunday 6 ★Ours BOOK meeting am10:30

11:59

am430-pm130 豆花×5 160.

857
872
870
871
869

JULY

JULY 文月

Monday 7 BREAKFAST: APPLE
LUNCH: 春白口UHOUSET
DINNER: 牛肉燴細粉

生理期 DAY 2.
膠狀狀態用日本理期用

am100-am30 TAXI 230

Tuesday BREAKFAST: CHERRY
LUNCH: 滬園
DINNER: 炒米米粉

Be happy, be ...
生理期 DAY 2. when people see
肚子問啊時, 好想哭耶? others ha

am800-pm1130 捷運200 甜湯78

Wednesday BREAKFAST ×
LUNCH: 韓試打飯
DINNER: 炒米粉

生理期 DAY 3.
豆豆, 豆水, 全素南瓜...
am900-pm1130 天見215 TAXI 100.

Thursday BREAKFAST ×
LUNCH: 麻辣
DINNER: 餅乾.水

在這個社會, 需要個人應...
生理期 DAY 4 不舒服, 但是用月
喜歡困難任便...

am240-pm1150

Friday BREAKFAST: COD+K
LUNCH: 西線是豆炒
DINNER: ALEX 蘭漢

生理期的5
不作的呀吃水水, 要x
am900-pm1130

2 BREAKFAST: 鐵不
LUNCH: 雙鳴磨
DINNER: 趙回炸

44

睡眠

早上醒來和睡覺的時間。可以讓自己檢視一下有沒有讓身體好好休息，常常有工作的時候一天睡不到四小時，讓身體感覺十分疲憊、心情不好，這時候就會提醒自己要早點休息，讓身體放鬆。

三餐

一天三餐吃什麼。以前常常一忙碌就會忘記要吃飯，後來搞到胃不好三不五時就會胃痛，把三餐記錄下來就會發現自己的飲食習慣，而且比較不用擔心一天到晚要想「今天吃什麼」，翻翻手帳就可以參考一下最近吃了哪些食物，喜歡的餐廳也會筆記下來。而且「吃」是一件會讓人心情愉快的事情，記錄下來，回想當天的美味，真是太開心了！

消費

最不喜歡做的事情就是去想花了多少錢，但是卻也逼著自己一定要記錄下來，這樣才知道在什麼東西上面花費最多，想要開源節流的時候該要從哪一方面著手。

心情

偶爾看過一本書、連續劇或是發生特殊的事情，內心總是會充滿不同的對話，隨手把它記錄下來，之後回頭看時，可以好好反省自己是不是太過衝動或當初的自己還真是傻孩子，這樣的狀態總是會讓自己回味不已。

身體

今天額頭長了痘痘或是早上去公園快走一小時，把關於身體的狀態記錄下來，之後看才知道這一切都息息相關。

小熊說：

除了這些之外，工作、學習……等，這些原本就會記錄的事項當然不會少，透過之前說的那些流水帳，反而可以讓自己更了解自己的狀態（當然也曾經有什麼都不想記錄，厭倦自己的狀態過……）但是讓自己記錄下來，事後再回味每一個當下，都是讓自己更了解自己的方法呢！

配色記錄

讓行程一目暸然

從一開始，在 Moleskine 週記事上面都只有習慣用黑色筆記錄，後來發現常常會分不清楚什麼是工作、約會、支出……。就開始習慣使用不同顏色的筆記錄不同的事情。因為會用到很多顏色，所以準備了兩支可以裝入三種不同顏色的筆，這樣可以減輕筆袋的重量（其實好像也沒有真的減輕多少）。

在分色上面採用的方式是，用最喜歡的顏色記錄當時對自己最重要的事情，為了讓自己喜歡的顏色充滿畫面，也就可以更努力的把事情完成，並且記錄下來。

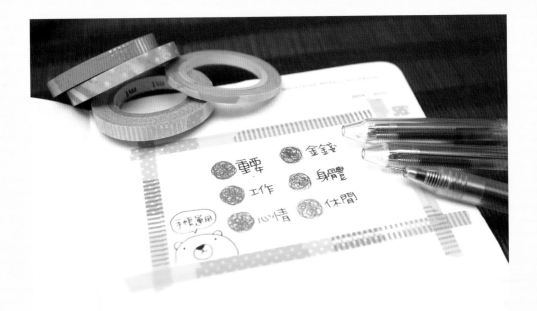

↑ 可在手帳第一頁記錄顏色標示功能。

● 自己最喜歡的顏色是天空藍，前一陣子想著要對自己身體好每天都該運動，就用天藍色的筆把跟身體有關的記錄，像是運動的時間、距離，還有身體發生的狀況記錄在手帳上面，每天一點一滴的記錄跟努力，看了會讓自己的心情很美好。

● 重要的約會或是待辦事項則用鮮豔的紅色記錄，因為紅色總是給人一種重要的感覺，而且比較容易被記住。

● 用紫色記錄平常的生活花費，紫色是一種奇幻的顏色，有點迷人又令人猜不透，這就跟消費一樣啊！花錢的時候總是很開心，當要記錄花了多少錢的時候又有點心痛。

● 用綠色記錄休閒生活，綠色給人大自然的感覺，好像可以在忙碌中幫自己補充一些養分，像是出去遊玩，看書、看電影……。

● 用粉紅色記錄自己當天獨特的心情小語，粉紅色總是給人一種少女情懷的感覺，把自己發生事情後內心的小語記錄下來，回頭看時也會會心一笑呢！

● 用橘色來記錄自己每天的工作狀況，不像是待辦事項那麼重要，但可以提醒自己做了些什麼事情，有沒有在工作時好好利用時間。

使用色字前：

除了插圖外，文字都是黑色，分不清記事重點！

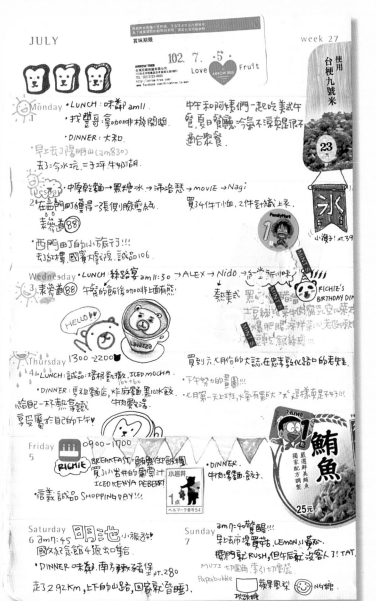

休閒生活

身體狀況

重要約會

心情小語

金錢花費

工作狀況

色彩分類讓規劃一目了然！看顏色比重就能知道你是工作狂，還是享樂型人。

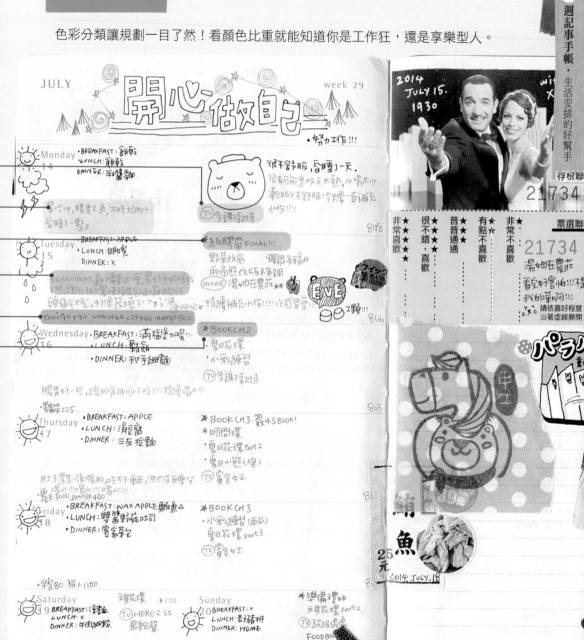

換換字體

一點想像力變出多種風格

如果問我寫手帳最重要的事情是什麼，我想應該是「寫字」。

　　雖然從來不認為自己寫得一手好字，但是，寫字整齊容易看懂，是我自己寫手帳時的第一準則。國中的時候，寫字還是嚮往著能像寫書法一般的行雲流水，一直到後來發現有一種 POP 字體很可愛、也容易閱讀，就開始試著在手帳裡用 POP 字來記錄，時間久了，也寫出了屬於自己獨一無二的字型。寫字就應該是長時間不停書寫、不斷練習出來的結果。其實，寫字真的是有千百種寫法可以玩，只要多發揮一些想像力，除了可以把字體寫好也可以做出可愛的插圖，讓自己的手帳頁面看起來獨特又漂亮。

寫字小練習

基本款 POP 字

剛開始學寫 POP 字體的時候，買了很多稿紙，用盡所有辦法把每一個字都填滿每一格格子。那時候的字體就是方方正正的，像是很多小木塊堆疊起來。這時候會告訴自己，儘量每一筆畫都是直線，避免寫出圓弧形，很容易就將端正的字樣呈現出來。

變化款圓形字

後來，換另一種方法，每個有「口」的地方都改用「O」來表現，也成就了另一種比較活潑的字體。為了要搭配O字，筆劃也跟著柔軟，多了弧形和圓角，字寫起來就變得圓滾滾特別可愛。每次有開心的事情就會用這樣的字體書寫記錄，看到圓滾滾的字心情也跟著變得更開心。

立體款陰影字

加上陰影，這樣會讓字體有立體感。比較
簡單的方式，是把單一個邊的筆劃描得比
較粗一些，讓其中一個角度變出厚度。又
或者是可以用比較淺色的筆，一樣在單一
個邊的地方描邊，這樣好像字被打上光
影，立體感立刻就會顯現出來喲。

可愛款尾巴點點字

練習寫 POP 字體時還學到一個小祕方，
可以在字筆劃尾巴上面加上圖形，也可以
讓字有一種可愛的感覺，像是最後都加上
一個「●」，這樣的字很容易凸顯更顯特
別，或者是加上一個箭頭，則會讓字看起
來有方向感呢，也是很不錯的標記方式。

加強版突顯標題字

把字整個用框線包起來，這樣會讓字很明
顯像是主標題一樣，通常我喜歡用雲朵的
圖案，方正的圖形會看起來比較正式一
些。除了框線之外也可以用色塊把字體包
起來。

51

收集小物

讓手帳不空虛的最簡單裝飾品

我有一個特別的習慣，很喜歡收集包裝上面的紙。這裡說的紙不單只是說漂亮的圖案，而是包含水果上面的標籤、賞味期限、商品成分⋯⋯等，各式各樣細微的小資訊都喜歡收集。如果擔心手帳上面空蕩蕩又不喜歡買漂亮貼紙來裝飾，這些小紙片就是最棒的裝飾品了！它代表著自己的生活，今天吃了御飯糰還是一顆蘋果或是洋芋片，把上面的圖案剪貼下來裝飾，是最直接的回憶。

有時候，撕下來的小貼紙一時之間找不到手帳來黏貼，或是還沒想好要黏貼在哪個位置，這時我會黏在自己製作的迷你貼紙收納本上面。自己製作的貼紙收納大小剛好可以放在皮夾裡面，偶爾輕便的出門，沒有攜帶手帳時就可以先黏在本子裡面，等回家後再貼至手帳本上。

店家名片 ●————

商品膠帶 ●————

AUGUST　　　　week 14

食物商標

特殊標籤

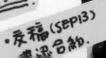

貼紙收納本

準備工具

離形紙、釘書機、細版雙面膠、包裝紙、紙膠帶
★就是一般貼紙後面那張表面光滑的紙，如果找不到離形紙，也可用書店販售的防水牛皮紙。

• •

步 驟

① 大小適中的離形紙，先量一下自己皮夾的寬度，將離形紙裁切成相同大小大約六張。
另外準備一張厚紙板當成封底，裁切成一半的大小。

② 找張自己喜歡的包裝紙，這次的裁切尺寸要比原來的厚紙板多兩公分。

③ 準備好的離形紙對折後（光滑面朝外）單邊用雙面膠黏起來。

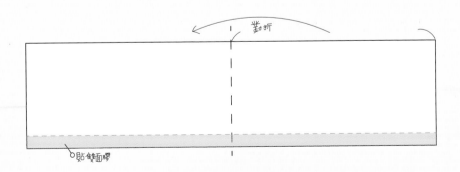

對折

貼雙面膠

④ 把單邊黏好的離形紙開口朝上和封底依序疊好，用釘書機固定左邊。

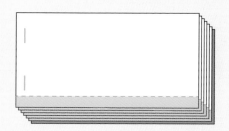

⑤ 接著把剛剛的包裝紙置中，左右多出來的一公分往後折，左邊再用釘書機固定一次。

⑥ 用自己喜歡的紙膠帶把剛剛釘好的側邊包覆好，另外再撕下一小段紙膠帶，把其中一邊往內折，並貼在另一邊的背面。

紙膠帶

⑦ 封面簡單裝飾一下就完成！

完成

夾頁打開可以放單張貼紙。

表情貼紙

完整表達當下心情

　　我對於有黏性的東西真的很沒有抵抗力，所以貼紙、紙膠帶也是我很喜歡拿來裝飾手帳的小東西。市面上販售的貼紙種類越來越多，可愛、寫實、華麗各式各樣都有。偶爾也有表情很精湛貼切的圖案，貼在自己想的事情旁邊，好像不用再多的描述也可以把當下的心思都一一表達出來。有時候會很固執，不想要用跟別人一樣的東西，這時候就有簡單的小撇步要跟大家分享一下。

　　不過，開始之前先讓我們來練習一些簡單的表情繪製！首先，我在觀察人的時候最喜歡看的就是「眼睛」，簡單的線條就可以把眼睛畫出來，不同的大小線條就可以代表著心情。

眼睛　　精神好的時候，眼睛會比較睜得開，這時候可以把圓點點塗大一些表示有精神。
　　　　　若是想用線條表現的時候，各種不同角度的線條都會營造出不同效果。

 開心時眼睛會笑成
一條弧線。

 沮喪時就把弧線反
轉過來。

 看到喜歡的東西可
以用愛心表現。

 不舒服的時候眼睛
就像漩渦一樣。

 睡飽的時候眼睛就
會變得很大。

 打扮出門時，可以
加上睫毛。

眉毛

通常，如果單是眼睛沒辦法詮釋當下的心情時，我就會加強眼睛四周的線條，因為眉毛也是很搶戲的啊！

 生氣時眉毛會往上飛揚。

 慌張時眉毛呈現雷達狀。

 難過時眉毛會往下垂。

 害怕時眉毛發抖。

嘴巴

接著加個嘴巴，不同的彎曲線條，也可以很簡單的代表自己的心情。

 吃飽時嘴巴會鼓鼓。

 天氣冷了嘴巴會顫抖。

 大笑時嘴巴會張開開。

 破口大罵時嘴巴撐得圓圓的。

表情貼紙

在一般的書局都可以買到圓形貼紙，顏色也很多種可以選擇。如果想要上色，建議挑選白色或是牛皮色圓點；如果是想要畫上簡單的插圖，就可以隨自己喜好挑選不同的顏色。運用畫臉部表情的技巧，把圓形當成是臉，加上眼睛鼻子嘴巴就好囉！

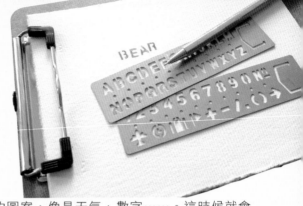

自製圖案尺

讓畫圖更輕鬆！

　　因為常常在手帳上面會有重複使用的圖案，像是天氣、數字……。這時候就會拿出手邊有的圖案尺，用筆依照上面的形狀畫，就可以畫出自己想要的圖案。

　　目前常用的是 Midori 黃銅模板尺，這兩款分別是英文字母和數字，黃銅材質不擔心弄壞，唯一的缺點就是單價比較高一些。

　　不過，我也會依照自己喜歡的形狀圖案，利用霧面塑膠片做出屬於自己的模板，雖然製作的時候會比較費時，但是，做出屬於自己獨一無二的樣子，真是很好玩的呢！

準備工具

霧面塑膠片、筆刀、鉛筆、油性簽字筆、空白紙、膠帶、去光水、圓角器

步　驟

1　先將霧面塑膠片裁成需要的大小（我會裁成可以收納到筆盒裡面的尺寸）。

2　用鉛筆在白紙上先描出裁好霧面塑膠片尺寸，然後畫上自己想要的圖案。

③ 把霧面塑膠片用膠帶固定在白紙上，用油性簽字筆把剛剛畫好的圖案描下來。

④ 用筆刀把描好的線條割掉，再用去光水把剩下的簽字筆痕跡擦拭掉。

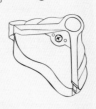

⑤ 接著用圓角器將霧面塑膠片的直角弄成圓弧，這樣可以避免手被刮傷。

完成圖

使用圖

日記事手帳——
每天一頁，繽紛記錄每一刻

　　除了週記事之外，我最常使用的就是每天一頁的日記事，市面上有很多不同格式的日記事本，目前最喜歡的就是ほぼ日手帳。喜歡ほぼ日手帳的原因很多，除了紙張很薄又很耐水性之外，我特別喜歡他的淺色小方格，依照不同的月份有著不同底色的小方格，側面看就一目了然。雖然它的價值不菲，但是在這麼輕薄的紙張上，可以開心地用鋼筆書寫、用水彩畫圖，還是覺得物超所值啊！

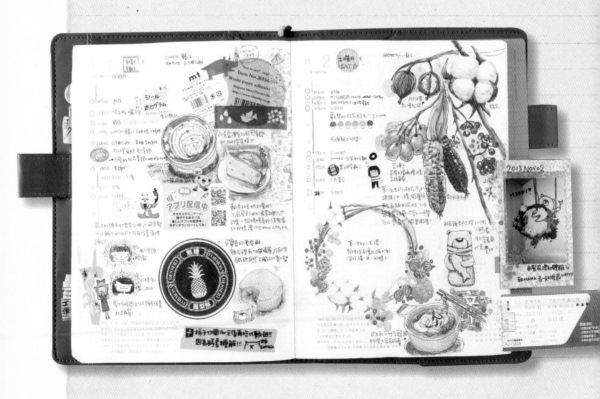

抓出時間軸，
工作進度超清楚

在寫日記事就像是一篇篇小日記，通常有工作的時候，我會習慣運用頁面左邊的時間軸把工作內容依照順序標好，另一邊就自己隨意發揮書寫，可以用紙膠帶拼貼或是用水彩畫圖，偶爾也會把喜歡的包裝貼在上面作為裝飾。

我很喜歡日記事的時間軸，這是可以讓自己清楚知道一整天工作進度的最佳表格。最簡單的方式就是拉一條直線，上面標示從早上醒來到晚上睡覺之間的時間，可以把生活內容依照時間標示在上面，然後再依照色塊把不同形態的生活形式區分開來。（顏色分類的方法可參考前面的週記事介紹。）

時間軸：可清楚知道一整天的行程狀況。

簡單的色彩搭配技巧

　　在日記事最常運用到的就是色彩搭配，不知道大家對顏色有什麼樣的感覺呢？在這邊和大家分享一些關於顏色的小知識。日常生活中看到的顏色，大多是由三個原色和黑色組合出來的，如果我們先認識了三原色之間的關係，這樣之後自己搭配顏色就會變得很簡單。

　　三原色指的是青（Cyan），洋紅（Magenta），黃（Yellow），這三個原色依照比例不同，就可以組合出各式各樣的顏色。

　　除了顏色組合之外，飽和度的濃淡也會決定色彩的和諧性。另外，顏色通常分成暖色和寒色。一般暖色指的是看起來讓人有暖呼呼的感覺，像是紅色、橘色等明色系。寒色指的就是看起來讓人有涼爽舒適的感覺，像是藍色、紫色等暗色系。

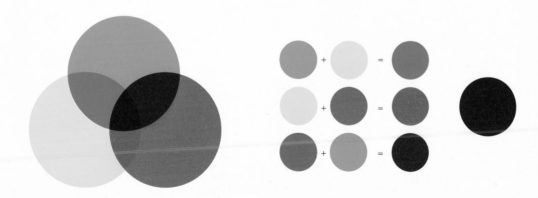

↑ 三原色的組合，可以輕鬆變化出各種顏色。

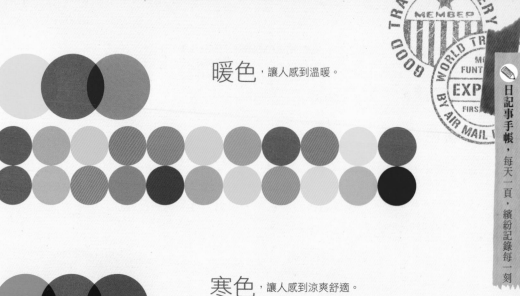

暖色，讓人感到溫暖。

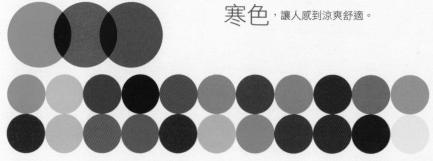

寒色，讓人感到涼爽舒適。

↑ 暖色搭配實際示範，完整呈現節慶感的暖色，由紅色、橘色組成。

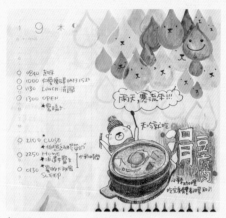

↑ 寒色搭配實際示範，清新的小雨滴，由藍色、紫色組成。

色彩搭配小練習

暖色（紅、橘、黃等，明色系）

暖色分別由兩個基礎色：洋紅 Magenta 和黃 Yellow 組合而成。這些顏色搭配在一起的時候，會有一種和諧、舒服的感覺。他們的對比色就是小熊形狀的色塊，分別是綠，藍，紫。想要營造出活潑快樂的感覺，在顏色搭配裡加入一些對比色，會有很不錯的效果。

寒色（藍、紫等，暗色系）

寒色分別由兩個基礎色：青 Cyan 和洋紅 Magenta 組合而成的，搭配在一起的畫面也會有一種協調性和舒服的感覺。如果想要注入一些活潑的色彩，可以加入對比的色彩如黃色或橘色，就像圖片裡面的小熊色塊，這樣可以讓整個畫面活躍起來。

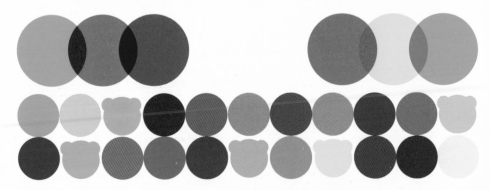

大地色調（黃、綠、咖啡）

　　大地色是時常會出現在路上的顏色，不論是路邊的樹葉，稻田裡面的麥穗，這些帶有褐色系的顏色都可以歸類在大地色裡面。適時的搭配一些帶紅的顏色，因為兩者擁有相同的色調，會讓畫面看起來更豐富飽滿。

食物色（黃、紅、橙、綠、咖啡）

　　食物色出現在所有的自然食物材上，像是茄子的紫色，辣椒的紅色，蔬菜的各種綠色。其中比較不會出現的就是藍色系。

　　所以，在畫跟食物有關的圖案或配色時，可以避免使用藍色或是一些看起來比較冰涼的寒色系，這樣食物看起來自然就會有美味的感覺。當然，如果是想要繪製夏天的食物，例如說刨冰、冰棒、涼麵等，這時候搭配一些藍色，就會讓整個畫面有清涼感。

晴天（天空藍、黃、橙）

　　晴天最容易讓人聯想到的是，晴朗的天空、小白雲，還有溫暖的陽光。這樣的顏色就像是由一系列的藍色，配上一系列對比的黃橘色。明亮又溫暖，但是又會有微微涼風吹撫的感覺。在選用搭配時，可以用天空藍配上鵝黃色，畫出雲朵和太陽搭配。

雨天（藍、紫、彩虹）

　　雨天，天空佈滿雲朵，自然顏色也會偏暗。這時候用到的藍色就會是比較深一些或帶有一點點的灰紫色，如果天空更黑，就會再添加一點黑灰色進入畫面。如果是雨天後的天空，偶爾出現一抹彩虹，這時就可以把對比色帶入，由紅色開始漸層至藍色系，並且顏色使用上飽和度也會比較高。

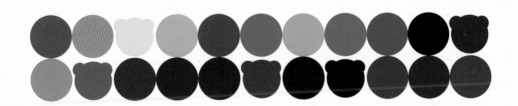

情人節（紅、粉紅、紫）

　　情人節，總是令人想到甜蜜蜜的感覺，可以用各式各樣的紅色來做變化。當然在這樣的節慶裡，最容易讓人聯想到的食物就是巧克力，所以顏色混合著一些棕色，也能讓畫面比較豐富。由於是屬於溫暖並且甜蜜的感覺，儘量避免用到太寒的顏色喲！

過年（紅、黃）

　　每當過年的時候，就會聯想到紅包、鞭炮、金元寶，這些充滿熱鬧氣息的顏色，紅包的大紅色或是稍微沈穩的暗紅色，象徵財富的金色，帶有一點點橘的黃色，都可以營造出過年的氣息。

春天（粉嫩的色系）

可以用飽和度較低卻又明亮的顏色作為搭配。像是粉紅色、粉黃色、粉綠色、粉藍色，這些搭配起來都有春天的效果喲！另外，春天常常會出現的，像是櫻花或杏花，都有著粉嫩的紅色還有嫩芽的草綠色，這些都是可以運用在畫面裡的顏色。

復活節（粉色）

復活節剛好是春天的時候，有著各式各樣的彩蛋，小兔子、小雞的圖樣。顏色搭配上，彩度都會比較低，是一種粉嫩的感覺。有淡雅的藍色，象徵嫩芽的草綠色，小雞的鵝黃色，兔子肉球的粉紅色……。相同彩度的顏色搭配在一起，會讓畫面柔和又豐富呢！

夏天（飽和的暖色或是清涼乾淨的寒色）

　　像是給人暖呼呼感覺的太陽，就是橘色、紅色、黃色，搭配夏天容易聯想到的海邊水藍色，或是當季水果西瓜的綠色、紅色，都會讓人有置身夏天的感覺。

秋天（飽和帶有暗色的暖色系）

　　像是咖啡色、橙色，樹葉可以帶點黃色等。都可以營造出秋天的感覺。

萬聖節

　　萬聖節剛好在深秋的時候,所以通常會運用秋天的深褐色,還有最具代表性的南瓜橘色;因為鬼怪的關係,還常常會運用黑色和灰色,或者是帶一點迷幻感覺的紫色系。

冬天（寒色系,節慶的紅、綠、咖啡）

　　像是大家會想到的雪,聖誕節熱鬧的紅,聖誕樹的綠色和咖啡色等,還有一些屬於雪地的銀灰色,這些顏色組合都會產生冬天的感覺。

聖誕節

　　屬於聖誕節的顏色，是聖誕樹的綠色、銀灰色，裝飾燈泡的黃色，還有樹幹的咖啡色。這些顏色組合以綠色為主角，點綴一些紅色或黃色就可以營造出聖誕節的氣氛。

創造屬於自己的
手帳精靈

　　我自己的習慣是會畫一個代表自己的熊，為什麼是熊呢？
好像是因為之前喜歡在各式各樣的照片上面加上一個熊臉，後來認識我的朋友開始
叫我「熊」，漸漸就順理成章地讓熊隨時出現在手帳裡面，代表著自己。

　　在記錄手帳的時候，我也習慣依照朋友的特性幫他們創造一個角色，讓他們出現
在手帳時不一定只是個名字，而是一個代表物。最常出現的就是胖達，因為他像熊貓
一樣隨時都想睡覺，所以這個角色超適合他。還有，常出現在我生活中的就是媽媽，
小熊的媽媽有著一頭捲髮，還會塗上漂亮的口紅，媽媽
都喜歡白皮膚，所以幫她在上色的時候，會選擇比較淺
的咖啡色。

POINT

小 熊 說 ：

另外還有其他的好朋友，不外
乎是擁有自己的綽號或是獨
一無二的個性，其實把這些特
色帶入，就可以幫他們也創造
一個獨一無二的角色囉！

手帳精靈畫畫小練習

　　先來看看常常出現在小熊手帳裡面的動物好朋友們，熊、兔子、貓咪、狗、魚、鳥。除了動物之外，也有其他的好朋友：太陽、雲朵、雨滴、蘋果、橘子、檸檬、草莓、茄子、洋蔥、青椒、南瓜、香菇、番茄。這些好朋友們會讓大家的手帳內容和畫面更豐富，看了也會跟著心情愉快喔！

熊
圓圓的耳朵、大大的鼻子。

兔
長長的耳朵，小小倒三角形的鼻子，還有可愛的牙齒。

貓
尖尖的耳朵，Y字形的鼻子，還有鬍鬚。

狗
三角形或大大的耳朵，倒梯形的鼻子。

蘋果
有腰身的五爪蘋果或是圓圓的蘋果，配上一根梗子還有一片葉子。

檸檬
有著尖尖的小屁股和頭頂，與樹幹接觸的突起。

橘子
圓圓的身體，頭頂有著突出的小帽子。

桃子
倒著的愛心，有著兩片小葉子。

草莓
有著蒂子和有點尖的小屁股。

茄子

有個連頭的帽子，日本茄子圓圓胖胖的，一般常見的茄子則是瘦瘦長長的。

番茄

像星星一樣的小帽子，圓圓的身體。

南瓜、青椒

都有著一頂帽子，身體也都是有波浪狀的，青椒有腰身而南瓜比較胖一點點。

POINT

小熊說：

大致學會如何畫出這些東西的外形之後，就可以把表情變化加上去，這樣，專屬於自己的代表物就出現啦！快點動手一起創造一個自己的代表物吧！

特殊文字書寫

　　在使用日記事的時候，會將當天發生特別的事情，當成一日重點，這時就會像是一天中的主要標題，我習慣寫成空心字，另外旁邊搭上不同色彩的幾何圖形會讓標題更清楚。翻看了好多自己手帳上面的圖案，發現我每天最重要的事情幾乎都是食物呢！

步驟

用鉛筆把自己想要寫的文字寫大一些。

用黑色的筆，繞著剛剛的鉛筆字畫出外框。

畫上和文字相關的插圖。

用色鉛筆上色，看物品本身有什麼顏色，隨意搭配一下就可以囉！

76

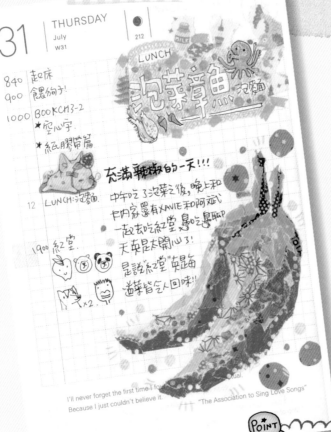

完成

手撕紙膠帶作為裝飾。

小熊說：

剛開始練習可以先用鉛筆把要寫的字寫出來，然後用黑筆描繪兩側，就這樣空心字就完成了！如果常常練習，久了之後就可以不用打鉛筆稿囉！直接用黑筆把字寫下，這樣的字通常會有點歪七扭八，但是反而很有手寫風格喲！

紙膠帶外框拼貼

依照當天的心情，挑選不同款式的紙膠帶來做拼貼裝飾，可以讓手帳看起來更活潑有趣！

工具

離形紙、不沾黏剪刀、各式紙膠帶

步驟

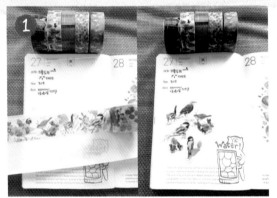

先將想要的鳥和花草圖案貼在離形紙上，用不沾黏剪刀將想要的圖案剪下。

先拼貼出一個底色的外框，並且手撕一些小樹做裝飾。

把小房子和色塊拼貼上想要的位置。

把剛剛剪下來的鳥兒拼貼上去。

27 | SUNDAY
July
w30

0030 古魯家族 movie
 失眠夜

1700 起床

900 BREAKFAST
媽媽嘴 牛肉堡

1300 OPEN
1900 CLOSE
1930 DINNER
 Pig&Pepper

好久沒去淡水走走，很特別
的星期日早晨 RICHIE 騎摩托載
我去"媽媽嘴咖啡活店"，很暖的
店面，挑高陽光充足，渡過了
一個十分適合寫手帳的上午。

生日快樂
TO DEAR
MOTHER
大家一起熱鬧吃
飯，真是太好了!!!

熊塘母
無花果
CAKE

HAPPY TO
BIRTHDAY
DEAR
媽咪!

Water!

噴水 DAY

完成　最後把當天的心得寫上，
　　　就完成囉！

POINT

小熊說：

| 挑選紙膠帶的方式 |
我會依照當天的心情，還有想要記錄的事情來做挑選。
示範照片就是當天和朋友一起去淡水走走，在滬尾炮
台那邊的小步道散步，想要把這樣的心情記錄下來。
所以挑了森林色系的紙膠帶、小樹、森林鳥、漂亮的
森林漸層、小房子來代表咖啡店的紙膠帶。

紙膠帶物品撕貼

　　紙膠帶物品撕貼，把紙膠帶當成色筆，利用不同顏色的推疊創造出值得紀念的小物。

工具

雙手、紙膠帶

步驟

先用鉛筆把要貼的圖案畫在手帳上，大概畫出明亮的色塊。

將剛剛挑選好的紙膠帶，用手指撕成小片，貼在鉛筆稿裡面。

貼的時候可以先貼深色再在疊上淺色，看起來色彩會更柔和。

手撕拼貼雖然不會十分工整，但是手撕所產生的細微毛邊，會讓作品感覺更柔美。

完成

POINT

小熊說：

1 手撕拼貼可以用來拼貼花朵、小動物等自然生物。

2 紙膠帶上面可以用 Zebra 或是 Twin Maker 的油性筆書寫喲！

81

繪畫手帳本——
記錄更多獨特細節

　　與眾不同的呈現方式，因為喜歡獨一無二，所以通常去到喜歡的店家時，就會用紙筆記錄下來。店家的細節很多，總是不可能全部都記錄在一般的手帳裡，所以漸漸就多了另一系列的繪畫手帳本。

　　其實，畫畫一點都不難，困難的是決定拿起只筆畫下第一條線條，因為畫畫是很獨特的，只屬於自己的那個模樣，所以放手大膽畫才是最重要的呢！

寫字，用心慢慢一筆一劃的寫才自然就會是漂亮的好的字

628 美好市集

2014 JON.
INGRID

下次要加所需準備
・防蚊液
・蚊咬藥
・肥皂
・衣服

yama - guri
山栗

PILOT
TELEX 18 made in GERMANY

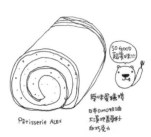

SO GOOD
超美味!!!

Pâtisserie ALEX

陽呼屋蘇塔
日本OMU鮮油
大蒙地蕾蕃料
白巧克力

2014.JULY
ingrid

㉔

以前在學畫畫的時候，總是很羨慕別人可以畫得很真、很像，後來就自己研發了兩個超方便的小撇步，即使是沒有把握的畫畫新手也不用擔心失敗，在這邊和大家分享喲！

這樣畫絕對不失敗！

練習的好幫手 複寫紙

複寫紙在一般文具店都可以買得到，有分藍色或黑色。我自己習慣使用黑色來畫，這樣描繪出來的線條就會像是線稿。新買的複寫紙因為墨色會比較濃，建議輕輕的用筆畫過就可以；如果墨色太重在上色時容易讓顏色變髒，這是比較需要注意的部分喲！

步 驟

剛開始畫圖的時候，先找一張自己喜歡的傳單或圖片，再將複寫紙墊在下面。

用鉛筆輕描圖案的外框線條。輕鬆就能畫好物品的輪廓，接著就準備上色吧！

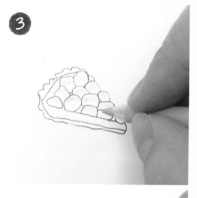

直接參考實際照片顏色，慢慢疊上去，就不怕畫出來不像了！

完成

85

練習的好幫手
描圖紙

　　有的時候喜歡的照片只有一張，但卻不想讓照片上留下痕跡，這時就不能用複寫紙來畫圖了。遇到這種情況時，不如試看看描圖紙吧！

步驟

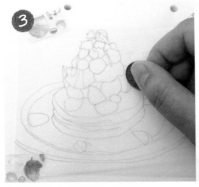

把描圖紙放在照片上面，用紙膠帶稍微固定之後。

用鉛筆把物品的輪廓和顏色分配的區域描繪下來。

如果不介意是相反的圖樣，就把描圖紙翻過來，用硬幣輕輕的刮背面，讓碳粉附著在自己要畫的紙張上。

④

依照照片上面的顏色分配分次上色，就完成了！

完成

POINT

小熊說：

在描圖紙上面用 2B 以上的鉛筆繪圖，碳粉會比較好轉移喲！

簡單12色
就能玩出百種變化！

我自己最喜歡的上色工具就是色鉛筆或水彩，這兩種的特性就是可以自由的配色。如果有 12 色的色鉛筆或水彩，就可以配到超過百種的顏色出來，讓我們一起來用這兩種工具盡情揮灑吧！

製作色鉛筆
色票頁

市面上常見的色鉛筆大概分成兩種，一種是油性色鉛筆，一種是水溶性色鉛筆。自己目前慣用的是油性色鉛筆，因為他呈色飽和度很高，可以畫出鮮豔的色彩。

買了色鉛筆後，我會習慣在手帳上面準備一面的色票頁，因為有時候筆身、筆尖的顏色並不是呈現在紙張上最後的色彩，自己做了色票頁，在想要上色或是尋找顏色的時候就會更快速、方便囉！

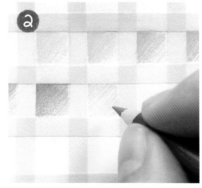

找一頁，依照自己的色鉛筆顏色數量，用紙膠帶貼出塗色的方格。

接著依照色系把顏色分成三段深淺，慢慢將格子填滿。

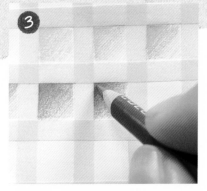

建議左上角是塗得最滿的地方，這樣也會有一點立體感喲！

都上色完成後，把紙膠帶撕下來，然後在下方標上色鉛筆的色號，就完成了。

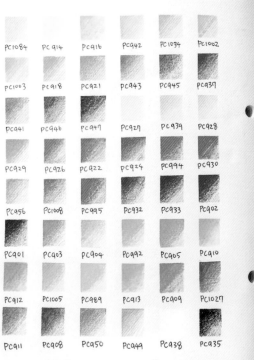

PC1084	PC914	PC916	PC942	PC1034	PC1002
PC1003	PC918	PC921	PC943	PC945	PC937
PC941	PC946	PC947	PC927	PC939	PC928
PC929	PC926	PC922	PC924	PC994	PC930
PC956	PC1008	PC995	PC932	PC933	PC902
PC901	PC903	PC904	PC992	PC905	PC910
PC912	PC1005	PC989	PC913	PC909	PC1027
PC911	PC908	PC950	PC949	PC938	PC935

PRISMACOLOR® 48 BRILLIANT COLORS COULEURS BRILLANTES.

完成

色鉛筆畫法
小練習

蓬鬆感

當我想要畫一個鬆軟軟的雲朵，我會用色鉛筆不停地繞小圈圈，讓小圈圈不停地旋轉構成色塊，這樣的效果是會有空白沒有上色完全的地方，很自然地就能營造出鬆軟的感覺呢！顏色堆疊的技巧，記得要由淺至深，這個畫法還可以營造出不同深淺色的厚度感喔！

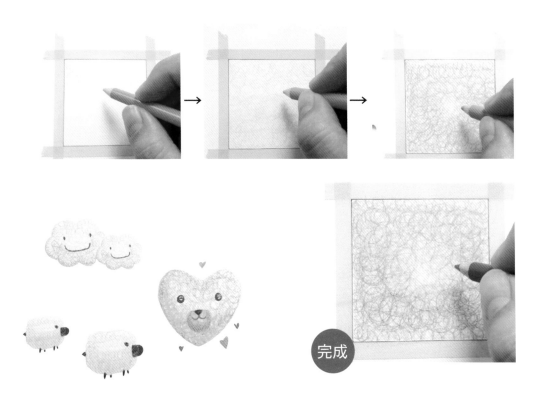

完成

木材感

　　上色的時候，讓筆順著同一個方向著色，不停地把要上色的地方填滿，順向的筆觸就像是木紋的質感，注意要用短直線的方式不停的堆疊，讓深淺色的差異強調出木頭的紋路。用這樣的畫法木製物品就很容易呈現囉！

完成

光滑感

　　先把想要上色的地方都填滿之後，用比較淺的顏色把剛剛還有空隙的地方塗勻，這樣會產生光滑的質感，用在畫液體或是金屬物品上時很實用呢！最後，在反光處的最亮點，用牛奶筆點上顏色，質感就立刻表現出來囉！

完成

夜空

　　油性色鉛筆很好玩，當你把一個區塊的顏色塗到飽和之後，後來就算用深色的筆去堆疊，也不容易被覆蓋掉。如果想要畫星空，我會先把小星星的位置用喜歡的顏色畫好，之後用深淺不同的藍、紫色去堆疊夜空的顏色，這樣，充滿星光的效果就完成囉！當然也可以再搭配牛奶筆，點出一些特別的亮點，會讓整體看起來更有立體感。

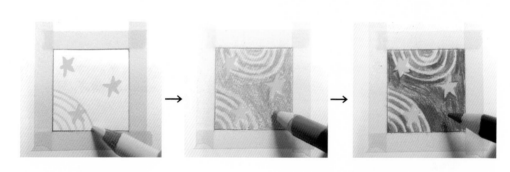

完成

93

製作水彩
色票頁

　　畫水彩的時候有些需要考量的重點，像是手帳的紙張是否耐得住水，還有繪畫的時候水分拿捏也很重要。我自己有個 14 色的隨身水彩盒，運用這些基本色還有先前提到的色彩概念，就可以調配出無限多的顏色。偶爾遇到自己比較喜歡的特別顏色，像是螢光黃、紅，粉嫩綠、紫……等。我就會另外再買條狀的顏料來使用。

步驟

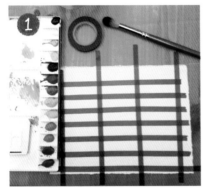

先用紙膠帶貼出所需要的格子。

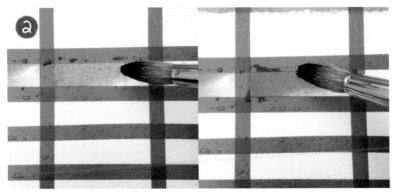

接著分兩到三次，用不同濃度的水彩，把格子塗滿。

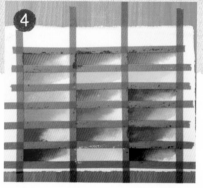

等顏料乾了之後，把紙膠帶撕下來，就會有漂亮的白格子！

把顏料的廠牌和色號寫在下面，就完成囉！

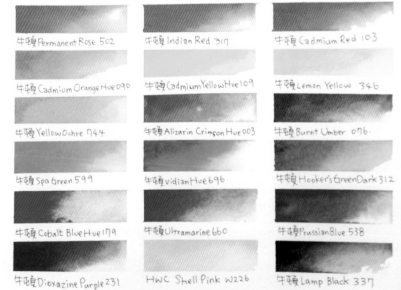

Water color 18

牛頓 Permanent Rose 502

牛頓 Indian Red 317

牛頓 Cadmium Red 103

牛頓 Cadmium Orange Hue 090

牛頓 Cadmium Yellow Hue 109

牛頓 Lemon Yellow 346

牛頓 Yellow Ochre 744

牛頓 Alizarin Crimson Hue 003

牛頓 Burnt Umber 076

牛頓 Spa Green 599

牛頓 vidian Hue 696

牛頓 Hooker's Green Dark 312

牛頓 Cobalt Blue Hue 179

牛頓 Ultramarine 660

牛頓 Prussian Blue 538

牛頓 Dioxazine Purple 231

HWC Shell Pink W226

牛頓 Lamp Black 337

完成

水彩畫法
小練習

渲染

　　先用乾淨的筆，把想要上色的地方輕輕地上一層清水。接著用筆尖沾染顏料畫上，然後換上另一個想要渲染的顏色，因為底部有水，所以顏色會自然的融合在一起，這樣就達成渲染的效果了！

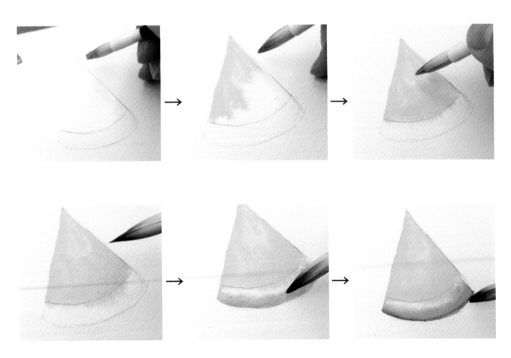

乾刷

　　如果想要畫出像是石頭土壤的質感，可以用乾刷的方式來畫。先調好自己想要的顏色，顏料多一些而水分不用太多，接著把水彩筆擦乾一些，沾上剛剛調好的顏料，順著紋路方向往下刷，有些乾裂的感覺就對囉！

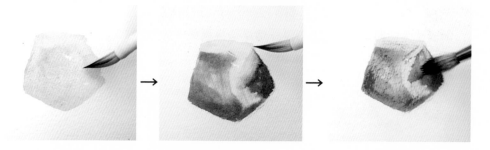

乾刷的效果

製作水彩
星球貼紙

運用水彩渲染每個圓點貼紙,任意搭配自己想要的顏色。等乾了之後再用牛奶筆畫上星星、圓點、線條,就完成啦!

步驟

① 準備整張的圓型貼紙和水彩顏料。

② 每一個星球挑選 2～3 個顏色搭配。

③ 每次染色都要趁前一個顏色未乾之前染上。

④ 一口氣把想要繪製的數量完成。

⑤ 用不同顏色的牛奶筆加上線條、星星或圓點。

⑥ 等乾了就可以使用了唷!

POINT

小熊說：

如果覺得渲染得不夠自然，只要用牛奶筆把圖案畫在不自然的地方，就會看起來很漂亮囉！

空白筆記本——
從無到有，絕不撞本的專屬手帳

　　有時候，會想要有一本與眾不同的手帳。這時候我會去挑選一本自己喜歡的空白筆記本，不論是封面或是內頁的材質，甚至是開本大小，都會仔細的去比較，然後選出一本最適合自己的手帳。接著就會自己動手設計獨一無二的樣子，從封面到內頁的格式，全部一手包辦。只要簡單的運用紙膠帶和各式圓點貼紙，就可以輕鬆完成一本專屬的手帳本囉！而空白筆記本的用途很廣，除了自製月記事、週記事及日記事之外，外出旅行或在咖啡館消磨時光的時候，都很適合使用。

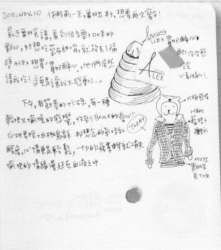

POINT

小熊說：
月記事標準表格橫向需
要七格，直向需要五
格，格子的大小可以自
由調整，也可以隨意畫
上自己喜愛的圖樣。

月記事

一次看完整個月的規畫！

　　將一個月的行程通通規劃在裡面，可以隨時把想要做的事情標註上去，也可以在旁邊寫下當月的目標或待辦事項，這就是我想要的月記事格式。運用這個想法，拿起手邊現有的材料來開始設計吧！

森林系表格

工具

紙膠帶、油性色鉛筆、代針筆、英文字母繪圖板、鉛筆、尺、橡皮擦

步驟

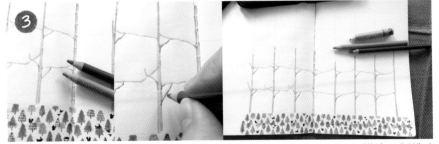

首先，先在手帳的跨頁上，用鉛筆畫出自己所需要的格子大小。

接著，將紙膠帶貼在格子的底部，並挑選油性色鉛筆來做繪製工具。

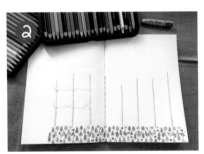

挑選兩支深淺不同的咖啡色作為樹木的顏色。先畫淺色再用深色描邊，製造出立體感。在格子內的左上角用樹枝畫出一個三角形。之後可以填寫日期。

102

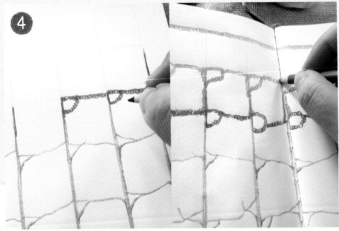

4

大約畫兩層樹幹後，就可以用深淺不同的綠色色鉛筆繪製上面的樹葉，並且在每一小格的左上角繞出一個圈圈，之後可以填寫日期。

5

在每一格的最上面，用藍色色鉛筆用不停繞圈的方式畫出雲朵。

6

用代針筆和英文繪圖模板，在雲朵上面填上星期的英文。

最後把在手帳上面的鉛筆部分用橡皮擦輕輕擦拭乾淨，就完成了！左手邊的空白處之後可以寫上月份。

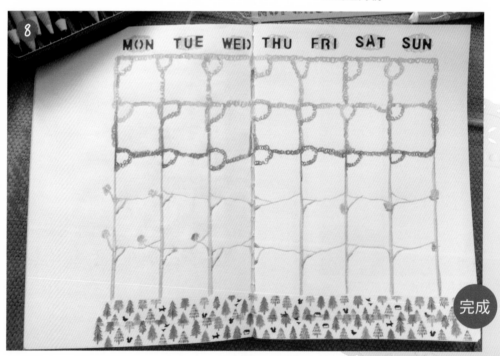

MON TUE WED THU FRI SAT SUN

完成

因為是手工繪製的，所以不用要求每一格框框大小都要一樣大，可以稍微有些變化，反而會讓畫面更活潑！

工具

紙膠帶、圓形貼紙、剪刀、離形紙、彩色筆、鉛筆、尺

步驟

用鉛筆畫出月記事的表格。

準備離形紙，長度比表格長短邊各多一公分，並且把紙膠帶貼在上面。

把貼在離形紙上的紙膠帶，大約分成三等份剪開。

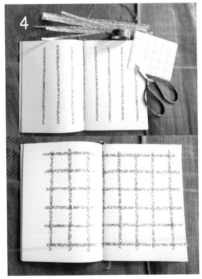

先貼短邊，然後再貼長邊。

106

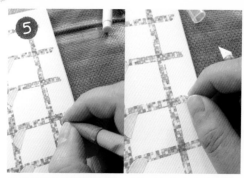

如果喜歡整齊的表格，可以把多出來的紙膠帶用刀片輕輕劃過，然後撕下。

挑選兩個喜歡的顏色分別代表平日和假日，把圓形貼紙上色，並用剪刀剪成一半。

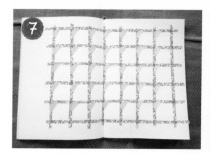

把剪好的半圓形貼紙，貼在格子的左上角，可以自由填寫日期，就完成！

完成

週記事

小熊說：

完成後的週記事，左頁最上方可以寫上月份和當週的工作目標，右頁下方空白部分，可以讓自己自由書寫。

隨行記錄超清楚！

把一個星期的行程都排在一個跨頁上面，不論是做橫式或直式的，都相當方便自己規劃行程！

工具

自動鉛筆、油性色鉛筆、尺、彩色筆

步驟

用鉛筆把表格畫出，左頁分六格右頁上方兩格和左頁同高度。

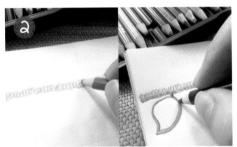

在鉛筆線條上方用淺綠色以繞圈的方式畫成一條線，下方用深綠色同樣以繞圈的方式做出陰影。在最左邊畫一片樹葉的輪廓。

用彩色筆和英文字母繪圖板，在樹葉下方寫下英文星期標示。

重複這樣的繪製，右頁是假日，可以用土地上的大樹來繪製，做出區隔就可以了。

自然風表格

完成

MON

TUE

WED

THU

FRI

SAT

SUN

ABCDEFGHIJKLM
NOPQRSTUVWXYZ

MILDLINER

條紋表格

這次用直式的表格來表現。直式的表格可以加上時間軸，更能清楚知道今天一天的行程計劃。

工具

紙膠帶、圓形貼紙、彩色筆、油性奇異筆、英文字母繪圖板、切割墊、刀片

步驟

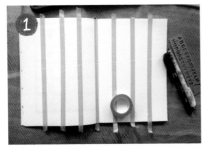

用鉛筆把一頁等分成四格，跨頁相加一共有八格空格。將紙膠帶貼在鉛筆線的正中央，多出來也沒關係。

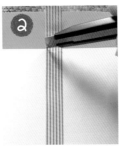

在頁面下墊著切割墊，用刀片將超出頁面的紙膠帶切下來。

在最上面用紙膠帶貼邊橫貼，並重複一次做出寬版的效果。

用油性奇異筆和英文字母繪圖板，在剛剛貼好的寬版紙膠帶上做上星期的記號。

用彩色筆將圓形貼紙上色，可以依照假日做顏色區分。

將上色完成的圓形貼紙貼在表格的左上角，之後可以填寫日期。

用油性奇異筆和繪圖板，在紙膠帶的正中央標示上 10 個小黑點。小黑點可方便之後當成時間軸對位置用。

重複地把每一條直式的紙膠帶上標示小黑點，就完成了！

111

最自由不受限的記錄方法

空白的頁面拿來寫日記事很好玩，可以自由地用紙膠帶拼貼，也可以用不同的插畫、雜誌照片、隨手拿到的 DM 隨意拼貼而成。用空白本來寫日記事自由度很高，不一定要每天一頁，心情好、話很多的時候，可以寫上個三四頁，甚至把小旅行直接記錄在裡面；當然也可以一天只寫半頁甚至不寫任何文字帶過。

自己在用空白本寫日記事時，最重要的工具就是「日期章、印台」。標準的日期章有個很迷人的記錄感，這就跟食品包裝上面的保存期限一樣，好像就是那個時候獨留下來的一個回憶。除此之外，可以運用的素材實在太多了，前面的章節也都有介紹過囉！

113

留下每一趟感動的足跡

　　喜歡把自己的旅行過程和朋友一起分享，所以，把旅行手帳特別獨立出來。長途旅行時會準備一本像小說一樣厚的空白本，讓自己可以盡情的發揮書寫；短途旅行則會準備輕巧的卡片空白本，輕巧好攜帶，可以隨時記錄。通常我會將旅行本做出不同分頁，讓自己可以依照主題記錄不同的事情。

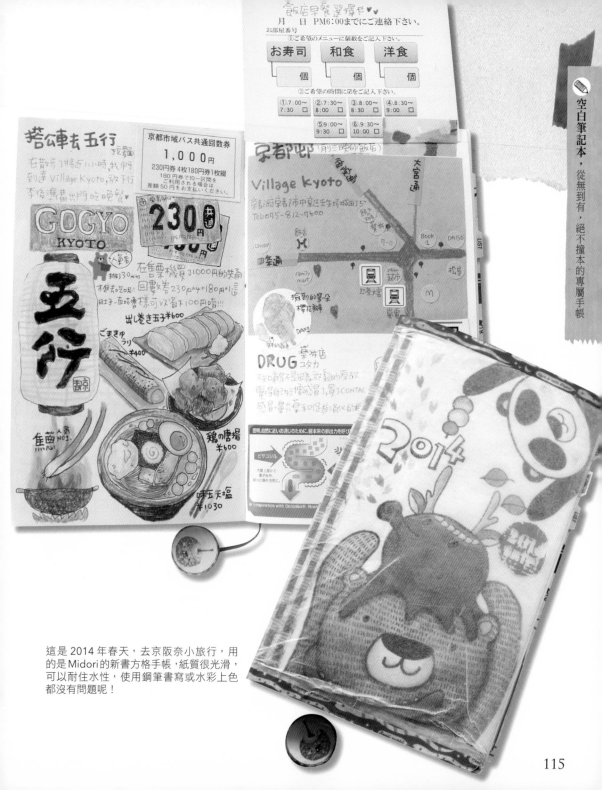

這是 2014 年春天，去京阪奈小旅行，用的是 Midori 的新書方格手帳，紙質很光滑，可以耐住水性，使用鋼筆書寫或水彩上色都沒有問題呢！

記帳

長途的旅行下來，一定避免不了會花錢買自己喜歡的東西或吃些美味的食物，這時候我喜歡把所有的票券收據都留下來，集中貼在一頁上面，這樣就可以清楚記得今天去了哪寫地方花了多少錢，下次想要找相同的店家也比較方便呢！

旅行的流水帳

　　每一天我都會幫自己準備一個時間軸，這樣可以輕鬆地記錄一天的行程，接著挑選一支符合自己心情顏色的筆，旅行中的小心得都用它來詳細記錄。最簡單的方式就是把所有收集到的小紙片，全部貼上手帳，就是最完整的記錄方式喲！

時間軸

各種紙片和包裝紙

拍立得的影像即時收藏，是最棒的回憶之一。

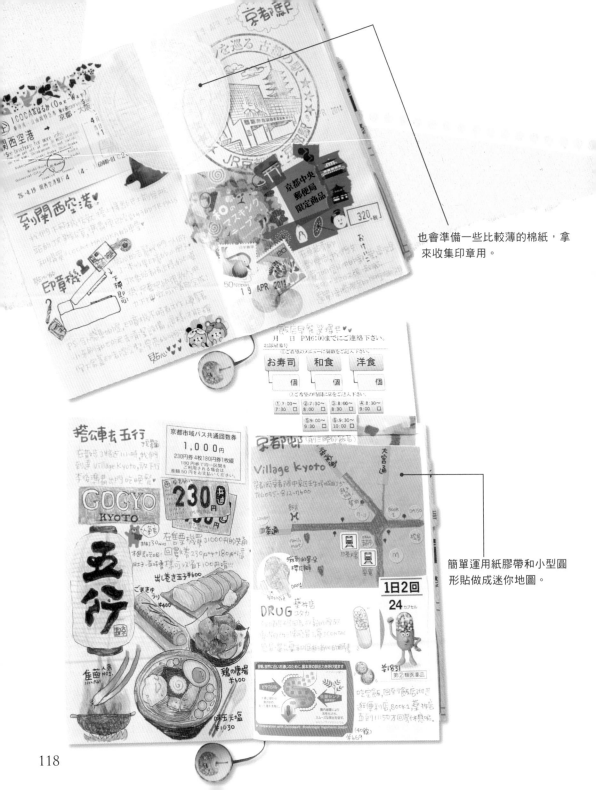

也會準備一些比較薄的棉紙，拿來收集印章用。

簡單運用紙膠帶和小型圓形貼做成迷你地圖。

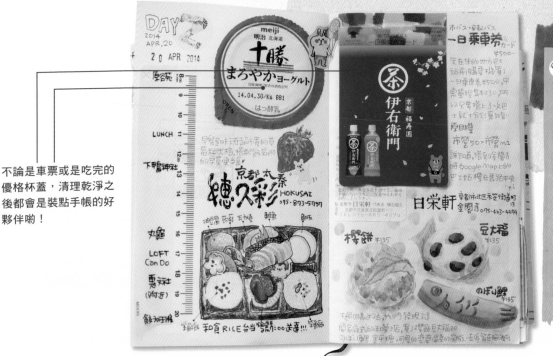

不論是車票或是吃完的優格杯蓋，清理乾淨之後都會是裝點手帳的好夥伴喲！

當然少不了在路邊撿到的小花瓣，還有入場的票券。用超薄的便利貼覆蓋在圖畫上，寫下當天吃過的餐點，不會影響畫面美觀又可以方便記錄。

超薄便利貼　　　　花瓣

旅行小物收納

在手帳的倒數幾頁，可以做一些收納用的小工具。只要將單面透明的牛皮信封袋，用紙膠帶固定，就能收藏收集到的各式小紙片。再挑一個跨頁，上面準備好旅行途中會用到的小貼紙，還有整張的空白貼紙，收藏印章也很好用。整個旅行下來，手帳難免會變得胖胖的，但那就是這趟旅行中最大的收穫啦！

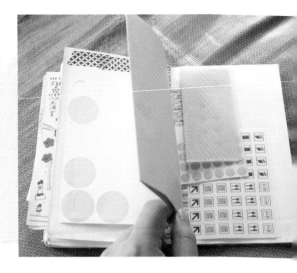

120

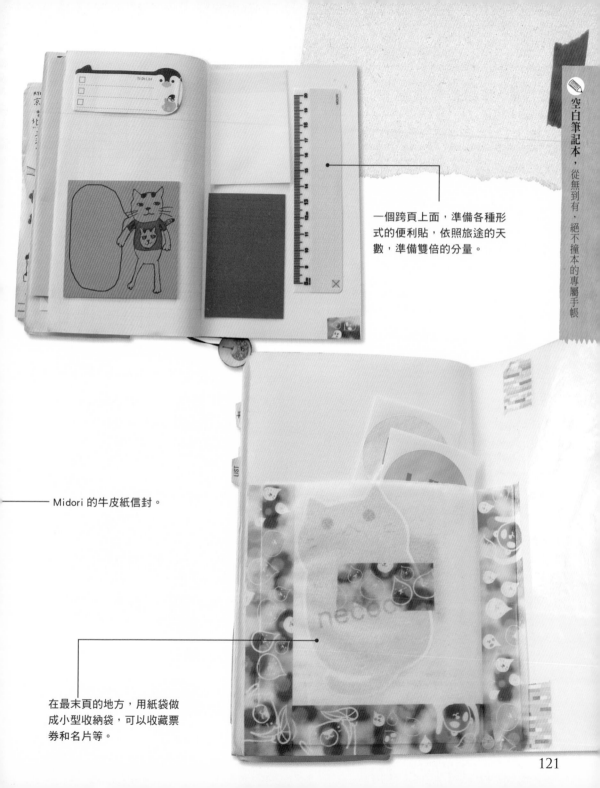

一個跨頁上面，準備各種形式的便利貼，依照旅途的天數，準備雙倍的分量。

Midori 的牛皮紙信封。

在最末頁的地方，用紙袋做成小型收納袋，可以收藏票券和名片等。

121

咖啡館筆記，
記錄香醇時光的回憶

　　從媽媽第一次帶我去「老樹咖啡館」喝到第一杯招牌咖啡開始，從此就跟咖啡館結下不解之緣。喝咖啡對自己來說，已經是生活中的一個部分，更是讓自己心靈放鬆的一個環節。從老式的咖啡館到現在一間間新開的咖啡館，很多店家都帶給我對生活不一樣的熱情，甚至是帶給我實現夢想的環境，所以一有時間，我就會到這些咖啡館，拿出手帳把自己當下的心情記錄下來。

　　我有一本專門記錄咖啡館的咖啡筆記，裡面收錄的都是可以讓我盡情書寫手帳的好地方，除了有香醇的咖啡還有美味的甜點。這些店家都有著明亮舒適的空間，也都有著一張適合書寫的桌子，在這樣的空間裡，用手帳記錄回憶是再幸福不過的事情了，也許某天，我們也會在這些店家相遇呢！

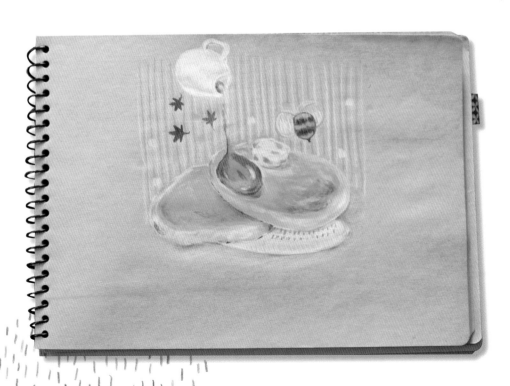

巢 Nido

於 2016 年搬到新地址忠孝東路五段的巢 Nido，是我夢想開始的地方。極簡的空間設計明亮又舒適，店內安靜配上老闆 Bruce 挑選的音樂，腦中的靈感總是會源源不絕。在新的空間吧台前面的座位都有插座，方便帶筆電去工作。進去不用看複雜的菜單，只要跟老闆說你想喝的咖啡是否需要添加牛奶、想喝冰或熱，這樣專屬於你的一杯咖啡就會端到你面前，這讓每次去總是會有不一樣的驚喜與期待。店裡的甜點都是老闆親手製作，假日偶爾會有神祕的老闆娘甜點，如果有看到千萬不要錯過唷！

台北市忠孝東路五段
183號 2F
OPEN 2pm－12am
每月6/16/26日公休
FB：巢nido

這不是
布朗尼

巢96
起司

Nido For Dreamers

FB: https://www.facebook.com/nidofordreamers

六丁目咖啡

位在民生社區的六丁目咖啡有著濃濃的日式風情，老闆妙妙從日本學藝回台北開店，把在日本學到的拉花技巧，讓每一次到店品嚐咖啡都變成一種滿心歡喜的期待心情。除了好喝的卡布奇諾外，我最喜歡他們的「孚藍克蛋糕」，扎實的蛋糕配上白巧克力和杏仁角，這樣的美味是別的地方吃不到的！喜歡在和式空間坐在地板上看著窗外人來人往，或是靜靜的冥想，真的是非常適合寫手帳的地方了！

六丁目 café
台北市松山區
新中街6巷9號
OPEN：12：00－2100
FRI.SAT：1200－2200

SUPER!!
巧克力香蕉奶油塔

孚藍克

鐵

充滿日式風味的小店，每次會到咖啡的瞬間都會開心許久。和室的空間坐著靜靜冥想靈感也跟著一湧而上！！！

FB: https://www.facebook.com/rokucyoumecafe

Pâtisserie ALEX

　　位在松菸文創園區旁邊的 Pâtisserie ALEX，是我在身心疲累的時候最想要造訪的地方。他們總是會有各種當令水果做成的霜淇淋，也有我喜歡的酸溜溜「初戀滋味」檸檬塔，搭配上老闆娘挑選的法國 MF 茶十分合適。明亮的空間搭配舒適的座位，在這裡寫手帳吃著美味甜點，所有的煩惱都會一掃而空！

Pâtisserie ALEX
台北市忠孝東路四段
553巷18號
OPEN 12:00～20:30
FB: Pâtisserie ALEX

霜淇淋

LEMON TART
初戀滋味

馬卡龍

血橙

黑醋栗

水果軟糖

FB: https://www.facebook.com/patisserie.alex

126

沛洛瑟自家焙煎咖啡店

市洛瑟
珈琲店
PELOSO
COFFEE
ROASTERS

台北市中華路一段
75巷40號
OPEN：1200-2100
FB 沛洛瑟自家焙煎咖啡店
每月1/11/21/31日店休

　　位在中華路的沛洛瑟自家焙煎咖啡店，一進門，左手邊有厚實的大張木頭桌，我總是喜歡窩在其中一角，拿出手帳來記錄生活。這裡每週幾乎都有不同的單品咖啡，看著 Menu 可以依照他們對咖啡的描述來挑選自己喜歡的風味。很喜歡看著咖啡師康刊刊專注沖咖啡的神情，看著看著，你會知道這杯咖啡充滿了屬於自己的靈魂生命，喝到口中絕不是三言兩語可以描述完的。偶爾搭配清爽細緻的戚風蛋糕，就是最完美的咖啡時光呢！

喜歡簡單純粹的味道。舒適的空間厚實溫暖的大桌，就算和
百生人併桌仍依然保有自己的空間。品嚐著康刊細明刷手沖的單品
好像幫每一款豆子注入全新的生命的那種專注配上精選的戚風
蛋糕，簡單樸實的美味！休息一下就可以繼續努力工作了。

FB: https://www.facebook.com/caffepeloso

Eddie's cafe Et Tiramisu

位在基隆華四街小菜場旁邊的 Eddie' s cafe Et Tiramisu，是如果我有任意門第一個想要隨時可以抵達的地方。門口獨特的歐式風情，讓人有一種到了歐洲遊玩的感覺，而挑高的室內空間中瀰漫著濃濃咖啡香氣。老闆 Eddie 是個帥氣有點酷的大叔，總是可以隨手一變，特調出不一樣的獨特口味咖啡讓我嘗試；老闆娘 Jessie 是個溫柔的大姊姊，一手好廚藝可以讓我品嚐到各式各樣美味的蛋糕。在這樣的空間裡，喝著咖啡搭配甜點寫手帳，時光流逝的瞬間，彷彿自己在歐洲度假一樣舒適。

Eddie's
Café Et Tiramisu

基隆市仁愛區
華四街25號
OPEN 1300-2200
每週三店休
FB Eddie's cafe Et Tiramisu

JCED
維也那!!

提拉米蘇
Tiramisu

烤起司蛋糕

如果有任意門，我希望可以直通Eddie這裡，
座落在市場旁令人驚豔的歐洲風情，挑高的室內空間，裡面有著畫畫
老闆和廚藝一流手的老闆娘，每一種甜點，每一款的咖啡都可以感受到
超美味的，在這裡可以輕鬆自在又舒適。
只要加入Eddie's的朋友，就可以隨時掌握到各種最新情報唷!!

FB: https://www.facebook.com/Eddiescafeettiramisu

倉庫咖啡

位在桃園大溪的倉庫咖啡，有著復古的木門，推開木門映在眼簾的是高挑的室內空間、美味的甜點，還有老闆心愛的濃縮咖啡機。在這裡我總是喜歡品嚐一杯濃縮咖啡，感受咖啡帶給味蕾不同層次的表現，搭配老闆娘精心製作的甜點，令人流連忘返。旁邊的老屋每個月第二週週六會有「三手」市集可以逛逛。帶著買到的戰利品，在這樣的空間裡享受著流動的空氣，寫著手帳記錄回憶，真是美好。

桃園市大溪鎮
中山路43號
OPEN11:00~18:00
假日 9:30~18:00
每週一公休

倉庫咖啡 warehouse　FB:倉庫咖啡warehouse

推開木門，走進高挑的室內空間，一眼看到的
美味甜點和專業咖啡機，懷舊的木桌舒
的椅子還有流動的空氣都令人著迷。

布丁

濃縮咖啡

雪球

舒芙蕾
乳酪蛋糕

老闆娘的好手藝 時常會有新的創意點心
隨時關注粉絲頁 就會有意外收獲!!

129

波魯克劇場

位在台中西區的波魯克劇場，老闆小世總是會帶給我無限的創意與驚喜。從第一次見面喝到的盆栽拿鐵，到後來研發出來的咖哩拿鐵，都是很獨特的美味。落地玻璃窗上會有不時更換的插畫，照映在空間裡十分特別。空間明亮，有情門的舒適桌椅，坐在這邊寫手帳，點份不刮舌的蜂蜜奶油鬆餅，是每次造訪台中都會想要嚐到的美味呢！

波魯克劇場

台中市西區
昇平街35號
OPEN12:30-2300
SUN12:30-2000
每週三公休
FB:波魯克劇場

盆栽拿鐵

卡布奇諾

總是會帶給線充足的地方，室內的落地玻璃，上面不定期有新的插畫線條。老闆小巴是回報熱情的人，可以看看咖啡和拿鐵的豐富香氣，以在他眼中看見夢想！
在這裡精選的咖啡都值得品嚐一番。

FB: https://www.facebook.com/Porcotheater

The Factory - Mojocoffee

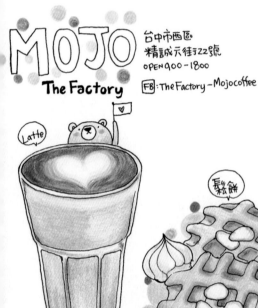

MOJO
The Factory

台中市西區
精誠六街22號
OPEN 900-1800

FB: The Factory-Mojocoffee

Latte

鬆餅

　　位在台中西區的 The Factory-Mojocoffee，外觀是棟獨立的建築，有著大片草皮和大樹，玻璃屋的設計讓整體空間十分明亮。天氣好的時候我喜歡坐在戶外的大樹下，讓樹蔭形成美麗的圖樣映在桌面上，吹著微風寫著手帳，搭配著現做的比利時鬆餅，十分愜意呢！

蜀棟挑高的外觀，門口有片草皮和大樹，在這裡可以盡情享受陽光合予的活力。喜歡好天氣坐在戶外的樹下，自然的樹蔭給人的感覺好像在大自然中享著咖啡，任何想法也可以隨手得來呢！
PS: mojo還有另外二間分店Retro有現場表演，Modern在亞州新現代美術館內。

FB: https://www.facebook.com/pages/The-Factory-Mojocoffee/272695802751148

131

收納筆記本——
生活素材隨手收，完整保存不怕亂！

當可以把事情都記錄下來之後，就會想著這些用來裝飾手帳的小東西，該怎麼收納比較好。大致上把自己的小東西分成了三類，一種是包裝袋、一種是貼紙、一種是雜誌上剪下來的照片圖案。分別用了不同的收納手帳，來把它們全部收在一本裡面。

Moleskine 的
硬殼空白本

　　挑選硬殼本的主要原因，是想要好好保護收藏的包裝袋，不讓它們被凹折，再利用手帳本身附的綁繩，可以把不管多厚的手帳都好好的捆綁著，不必擔心頁面會脫落。這種的收納方式很簡單，先把喜歡的包裝袋剪下來（如果是裝食物的袋子，請記得先清洗擦乾後再收納），用滾輪雙面膠或是白膠黏貼固定在紙面上，旁邊用代針筆寫上一些心得，就完成了！

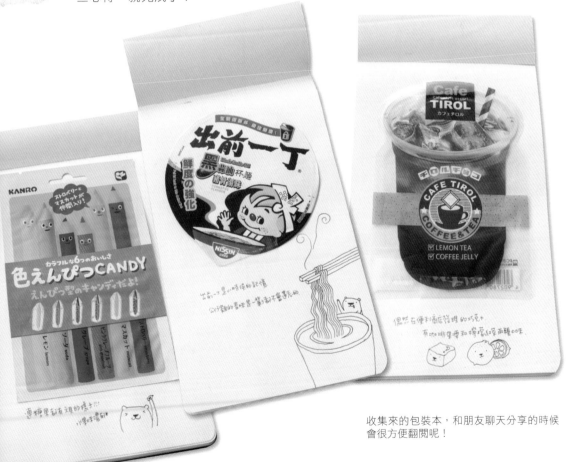

收集來的包裝本，和朋友聊天分享的時候
會很方便翻閱呢！

活頁式的
郵票收納本

　　很喜歡買貼紙，市售的貼紙除了一張張的之外，也有很多一小包裡面有很多張的貼紙，以前會用小收納格把它們分類收起來，但總是覺得收納格比較深，有點占空間。後來就找了活頁夾，買了可以用來收納錢幣的活頁袋和收納郵票紙幣的活頁紙，把貼紙們依照分類收好。

　　把相同款式的貼紙放進錢幣小袋裡面（因為是透明的，很容易就看得到）上面特有的蓋子可以避免貼紙飛出去。

自黏相本的 雜誌收納法

收集來的傳單或是看完的雜誌上，常常會有自己喜歡的小圖片，這些也都是拿來裝飾手帳的好朋友。收納這些小紙片的方法，就是把它們像雜誌一樣在自黏相本上拼貼在一起。我會依照色系和主題把收納的小圖片分類，弄成像是屬於自己喜愛的小物收納頁。

自黏相本的好處是底層的膠是弱黏性，比較不會破壞想要收藏的紙張或樹葉。使用的時候建議搭配鑷子一起，這樣可以避免手直接摸到底層的膠，可以增加使用次數。

步 驟

把喜歡的圖案剪下來。

用鑷子把圖片放在想要的位置上面。

可以用紙膠帶做一些裝飾。

4

寫上想要寫的標題即完成。

完成

PART 4

跟著小熊採買去

平時小熊最常去買文具的地方，

就是家裡附近的三民書局跟久大文具店，

價格都十分的優惠。

如果大家想要規劃一整天的文具小旅行，

我有私房路線可以跟大家分享！一起來逛逛吧～

永和區

　　因為以前念的是復興美工，所以採買繪畫用品都會回到學校那邊去購買。秀朗路上有各式各樣的美術社，裡面常常會有意想不到的新畫具可以用，就連色鉛筆都可以依照自己的需求單隻購買，這樣的繪畫用具天堂，有機會一定要來一下。

得暉美術社

好像是從唸書開始，就都會來得暉買用品。老闆和老闆娘都很親切，只要把自己的需求跟他們說，他們都會幫你快速地找到需要的用品。

一樓有著各式各樣的繪畫顏料、各種筆類，價格也比在一般外面的文具店購買來得優惠。我最喜歡爬到二樓的紙類空間，密密麻麻的各種櫃子裡，放著來自世界各地的紙張，不論是水彩紙或各式手工紙，都有非常多選擇。畢業後常常有空就會在這裡窩上一下午，尋找著想要使用的各種用具。

Data

- **胖媽媽美術社**
  秀朗路一段 191 號
- **彩逸美術社**
  秀朗路一段 138 號
- **得暉美術社**
  秀朗路一段 199 號
- **博彩美術社**
  秀朗路一段 152 號
- **萬藝美術社**
  秀朗路一段 176 號
- **千采美術社**
  秀朗路一段 210 號
- **明林美術社**
  秀朗路二段 8 號

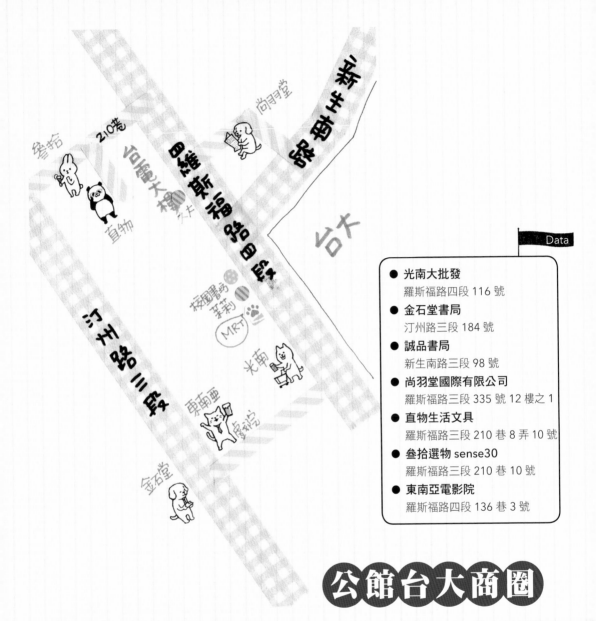

Data

- **光南大批發**
  羅斯福路四段 116 號
- **金石堂書局**
  汀州路三段 184 號
- **誠品書局**
  新生南路三段 98 號
- **尚羽堂國際有限公司**
  羅斯福路三段 335 號 12 樓之 1
- **直物生活文具**
  羅斯福路三段 210 巷 8 弄 10 號
- **叁拾選物 sense30**
  羅斯福路三段 210 巷 10 號
- **東南亞電影院**
  羅斯福路四段 136 巷 3 號

公館台大商圈

　　這裡有光南大批發，裡面的文書用品幾乎都比市面上的價格優惠許多。另外還有專門賣鋼筆用具的尚羽堂、大型的各家書店、誠品書局、金石堂等。也有獨立文具小店，如直物生活文具、拾選物。逛街逛累了，這裡也有電影院跟夜市，還有許多具有獨特性格的咖啡館。

通化夜市

明月湯

練利路

安和路二段

和平東路二段

基隆路二段

BUS

MRT 六張犁

明進文房具

🚩 Data

- **明進文房具**
  基隆路二段 209 巷 8 號
- **禮拜文房具 /TOOLS to LIVEBY**
  樂利路 72 巷 15 號
- **味鄰 Whalen's**
  安和路二段 145 號
- **遠企購物中心**
  敦化南路二段 203 號
- **通化街夜市**
  臨江街觀光夜市

六張犁捷運商圈

　　從捷運站出來可以去到明進文房具、禮拜文房具。如果你是 Midori 系列的愛好者，那去到明進文房具準沒錯，老闆進了各式各樣的 Midori 系列商品，在這邊可以讓你試寫。禮拜文房具裡面則有各式精選的實用文具，還有台灣製造的當在地商品。逛累後可以去小熊自己最愛的美式餐廳「味鄰」，或是附近有名的通化街夜市，吃吃各式美食補充體力！

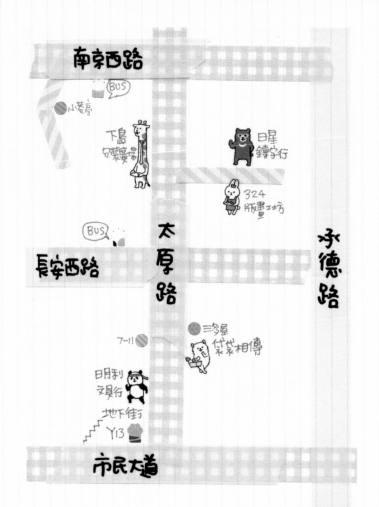

Data

● 明利文具行
　太原路 10 號 1 樓
● 袋袋相傳
　太原路 11-6 號
● 日星鑄字行
　太原路 97 巷 13 號
● 324 版畫工作坊
　太原路 97 巷 16 號
● 台灣下島包裝廣場
　太原路 80 號

台北後車站商圈

　　在後火車站這邊有各式各樣的批發小店，每個店家都有專門販售的東西。明利文具行有著平價文具，偶爾可以找到獨特的鋼筆呢！袋袋相傳，有著各式各樣的紙製收納袋；包裝廣場，販售著各種日本進口的包裝用品，還有日製的橡皮擦可以拿來刻印章，也有各式各樣的印台。日星鑄字行，有各式各樣的鉛字，可以當成印章使用。324 版畫工作坊，有相當精美的版畫作品，還有別緻的手工紙和懷舊的版畫工具及作品。

Data

- 蘑菇 Booday
  南京西路 25 巷 18 之 1 號
- 台灣好店
  南京西路 25 巷 18-2 號
- 小器 g+
  赤峰街 17 巷 4 號
- 日子咖啡 Nichi Nichi
  赤峰街 17 巷 8 號
- 61note
  南京西路 64 巷 10 弄 6 號
- 墊腳石
  南京西路 32 號
- 金興發生活百貨
  南京西路 5 之 1 號
- 大創生活百貨 DAISO
  南京西路 1 號
- 中山光點
  中山北路二段 18 號
- 臺北當代藝術館
  長安西路 39 號

中山捷運商圈

　　這裡有我很喜歡的日子咖啡，旁邊就是小器 g+，不定時的有小展覽可以逛逛。蘑菇有販售各種獨特的台灣文創，台灣好店則是販售台灣各種有趣的手作商品。如果想要在批發裡面尋找新鮮物，這裡也有大創、金興發還有墊腳石。61note 地下室常常會有小型展覽，一樓也有販售月光莊的筆記本和文具。如果你還想要感染一些藝術氣息，可以去當代藝術館走走，或是去中山光點看一場與眾不同的電影。

民生社區商圈 增訂版新增

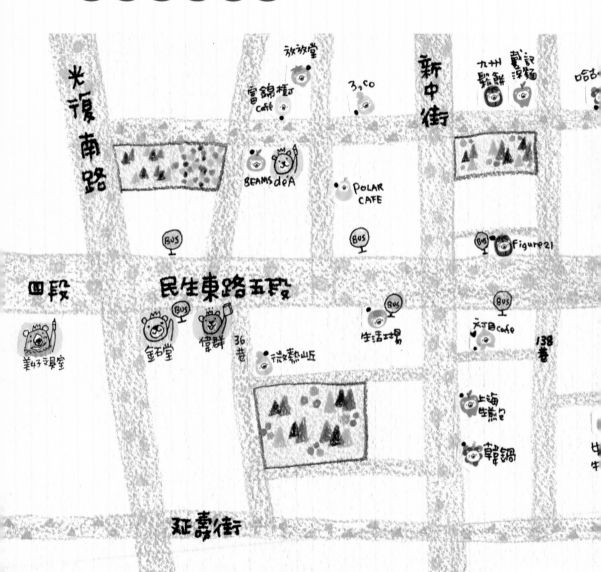

光復南路

新中街

放放堂

富錦樹 café

ろ,co

九州鬆餅

戴記涼麵

哈古

BEAMS déA

POLAR CAFE

BUS

BUS

BUS Figure21

四段

民生東路五段

BUS

BUS

天母 cafe

138巷

美好視室

金石堂

偉群

36巷

微熱山丘

生活工場

上海生煎包

韓鍋

延壽街

因為之前開的「覓熊咖啡館」處在民生圓環，所以民生社區對我來說一直是個很特別的地方。這些年有許多新的文具選物店開在這，讓原本好吃好喝的民生社區，變成可以當成一天小旅行的好去處。

圓環附近的「Café Showroom」時常有不同藝術家在店裡舉行展覽。如果想幫自己的手帳本訂製獨特的皮外衣，可以去「Figure21」老闆會依照需求為你專門打造。繞過圓環來到延壽街，有間「開心鋼筆店」由七年級夫妻 Mike and Terri 共同經營的 ARTEX，風格書寫精品筆承起於 Terri 父母親創建的製筆代工產業。

「六丁目 Café」的抹茶拿鐵濃郁又好喝，上面還會有獨特的拉花造型。民生東路上的「美好文具室」，是比較新型的文具小店，除了有各種文具小物外，還有販售很多台灣創作者的商品。

Data

- **Happy MT + 開心鋼筆店**
  延壽街 82 號
- **Figure21**
  新中街 8 巷 16 號
- **偉裙書局**
  民生東路五段 32-1 號
- **金石堂**
  民生東路五段 2 號
- **美好文具室**
  民生東路四段 100 號 1 樓

54間台灣人氣文具店家 增訂版新增

●台北市

淳祿工作室
日本進口文具
台北市復興北路 179 號 4
樓之 5 (405)
http://shopee.tw/chunlu

拾木文具
台北市中山區松江路 362
巷 43 號之 3
https://handbook.tw

OURS 森林好朋友
台北市中山區渭水路 3 巷
44 號 (參觀需預約)
https://www.ours.tw

一分之一工作室
台北市大安區愛國東路 77
號 2 樓
https://www.facebook.com/
oneoveronestudio

品墨良行
台北市大安區永康街 63 號
http://www.pinmo.com.tw

茉莉生活風格
台北市中正區臨沂街 27 巷
9 之 4 號
https://www.facebook.
com/TaipeiDC/

カキモリ -
Kakimori, Taipei
台北市八德路一段 1 號 (中 1A)
http://shop.haveanice.com/v2/
activity/3096?layout=official

美好文具室
台北市松山區民生東路四
段 100 號 1 樓
https://www.facebook.
com/lovelyrooom/

開心鋼筆店
台北市松山區延壽街 82 號
http://www.artexpen.com

明進文房具
台北市大安區基隆路二段 209
巷 8 號 1 樓
http://www.vss.com.tw

禮拜文房具
台北市大安區樂利路 72 巷
15 號
高雄市鹽埕區大義街 2 號
C6-10
http://www.toolstoliveby.
com.tw

直物生活文具
台北市大安區羅斯福路三段
210 巷 8 弄 10 號
台北市大安區新生南路一段
56 巷 16 之 4 號
http://plain.tw

理想的部屋
台北市大安區溫州街 74 巷
8 號
http://www.maskingtapes.net

尚羽堂國際有限公司
台北市大安區羅斯福路三段
335 號 12 樓之 1
http://www.finewriting.
com.tw/shop

鋼筆工作室
台北市大安區光復南路
260 巷 50 號
http://pen88tw.mymy.tw

針線盒
台北市大安區忠孝東路三段
251 巷 12 弄 10 號 1 樓
https://www.facebook.
com/yarnballbox/

小品雅集
台北市大安區瑞安街 208
巷 76 號 1 樓
https://tylee.tw/index.
php

日安小舖
台北市大安區四維路 198
巷 30 弄 10 號 2 樓之 2
https://goo.gl/uHaqry

沛芸的文具雜貨店
台北市信義區吳興街 284 巷
5 之 1 號 1 樓
https://www.facebook.
com/z0304261

大人小學 古文具
台北市莊敬路 289 巷 5 弄
54 號
https://www.facebook.
com/darenxiaoxue/

MumMy RoBot
台北市大同區南京西路
155 巷 30 號
https://www.facebook.com/
MumMyRoBotStudio/

米力生活雜貨舖／溫事
台北市中山區中山北路 一
段 33 巷 6 號
http://www.millyshop.net

RETRO 印刷 JAM
台北市大同區延平北路一
段 69 巷 5 號 2 樓
https://www.jamtaiwan.com

●新北市

駿隴 CHL -
日系質感文具小物
新北市板橋區重慶路 245
巷 7 號
https://www.facebook.
com/chunlungtech.ltd/

●桃園

白屋小集
桃園區龍潭鄉龍華路 230
號
https://www.facebook.
com/WhiteMarket2014/

●新竹

【Ink Wall】墨堤
新竹縣竹北市縣政九路
203 號 2 樓
https://www.facebook.
com/InkWall2015/

好生活手帖
新竹市北區江山街 26-2 號
1 樓
https://www.facebook.
com/alldayallwrite/

●花蓮

腦弱文房具
花蓮市中和街 214 巷 36
號 2 樓
https://www.facebook.com/
paperholicstationery

歡迎光臨文具販賣部
花蓮市大禹街 4 號
https://www.facebook.
com/welcomehostel06/

小滿文具室
花蓮市新港街 49 號
https://www.facebook.
com/grainfull/

●嘉義

拾筆 + 鋼筆工作室
嘉義市和平路 289 號
https://www.facebook.
com/pg/shiiiiibi

●彰化

愛治文房具
彰化市長安街 76 巷 7 號
https://www.facebook.
com/aiyabungu/

●台中

有筆 x 鋼筆工作室
台中市西區長春街 14 號
https://goo.gl/yXr5Oh

自己印紙膠帶
台中市西區美村路一段
117 巷 9 號
https://www.facebook.
com/urtape/

茶筆巷文具生活
台中市西區昇平街 89 號
https://www.facebook.
com/tpl.stationery/

覓靜拾光
台中市西區精誠 9 街 10 號
覓靜拾光　審計二店
台中西區民生路 368 巷 2
弄 6 號
https://www.facebook.
com/stilllight910/

愛咪小舖
文具雜貨手作
台中市大里區光榮街 189 號
https://www.amyshop365.
mymy.tw

iPaper
台中市西屯區文華路 150
巷 27 號
https://www.facebook.
com/iPaperstore/

鋼筆工作室
東海分舵　台中市西屯區中
工二路 21 號
台中分舵　台中市北區進化
路 422 號
https://www.facebook.
com/PenTaichung2/

穀雨好學－美好生活
台中市南屯區市政南二路
170 號
https://www.facebook.
com/Guyuselect/

實心裡 生活什物店
台中市南屯區大容東街 10
巷 12 號
https://www.facebook.
com/solidartshop/

果子鋼筆
台中市南區學府路 135 巷
1 號 B1
https://www.facebook.
com/fruitstationery/

●台南

點店・文具小賣所
台南市府緯街 77 號
https://www.facebook.
com/dotdogstudio/

什物町 ‖ 鋼筆工作室
台南市中西區西門路二段
西門商場 33 號
https://www.facebook.
com/shiwuting/

OOuuu\ 兩眼一起
台南市中西區開山路 118
號 3 樓
https://www.facebook.
com/oouuubrand/

墨客
台南市安平區建平五街 184
巷 15 弄 41 號 1 樓
https://goo.gl/7KKZF4

●高雄

旅人店鋪
高雄市三民區鼎華路 196 號
http://www.travelers-lab.
com

森活小室
高雄市新興區開封路 301
巷 13 號
https://www.facebook.
com/mydearlulumi

小徑文化
高雄市新興區民權街 33 號
https://www.facebook.
com/maskingtape.tw

菩品 Prop
高雄市苓雅區興中一路
435 號
https://www.facebook.
com/proptw/

本東倉庫與灰灰商店
高雄市鹽埕區光榮街 1 號
https://www.facebook.com/
BandonGroceryStore

國豐精品
高雄市苓雅區五福一路
143 號
https://www.facebook.
com/szumeilingK

MoriMirror
墨里鏡子 x 鋼筆工作室
屏東市重慶路 109-1 號
https://www.facebook.
com/mori.mirror/

木長草堂
高雄市鳳山區新康街 71 巷
11 號
https://www.facebook.
com/chengtsao.tw

最想知道的手帳Q&A

Q1 目前手邊正在使用的手帳有幾本？功用是什麼？

A 目前手邊在使用的手帳有三本，分別是 Moleskine 的週記事、ほぼの日記事，還有 MUJI 的空白本。週記事讓我規劃行程，並且把隨時想到的點子直接記錄在旁邊；ほぼの日記通常會放在家裡面，每天回家睡前花一些時間，把一天最重要的一個小事情妝點在上面。 MUJI 的空白本則是我的隨手塗鴉本，拿來畫插圖或記錄出現在腦海裡面的想法。

Q2 很多進口的手帳價格都偏高，小熊怎麼取捨呢？

A 當我買一本新手帳的時候，都會先考量一下這本手帳會使用多久的時間。如果是有時效性的，像是一年的手帳本，我就會用 365 去除手帳的價格，這樣就知道一天需要花多少錢來記錄，這個好像是很金牛座的想法。實際上我認為手帳是可以保存回憶的記錄本，有的價格比較高的手帳，紙質比較好甚至是弱酸紙，久了顏色都不會變，這對於想要保存記憶來說，花一些錢在這方面是很值得的。不過也因為我自己的生活重心都落在手帳上，所以每個月撥給手帳的預算也相對比較高。不過，最重要的觀念是，買了東西就要好好使用，讓錢花得有價值、有意義，這樣就不會覺得很貴囉！

Q3 寫手帳好像很困難，要怎麼持之以恆？

A 哈，這個問題好！我自己的做法是，每天至少會花 30 分鐘把瑣碎的小事情先用鉛筆寫下來，就算沒有寫完手帳也沒關係，至少那天的生活記錄到了。

Q4 小熊都用哪個牌子的色鉛筆？

A 目前最愛用的是 Prismacolor 和 MUJI 的油性色鉛筆，這兩間的筆芯都比較軟，很好上色，特別是 Prismacolor，顏色很飽和，而 MUJI 則是比較日式的顏色，有點輕柔但是顯色也很漂亮。

Q5 小熊手帳上面用的筆是什麼牌子？

A 這個就有點複雜囉，我會看是要寫在哪一款手帳上，才去挑選合適的筆。通常會用無印良品水性的黑筆搭配油性色鉛筆來畫插圖。如果是要用水彩上色，就會挑選 Sarasa 中性筆或是 uni 防水代針筆，這樣畫好的線條也不用擔心上色後暈開。

Q6 小熊每天花多少時間在寫手帳呢？通常什麼時候寫手帳？

A 只有日記事會花比較多的時間大約一個小時左右，週記事就是隨時有事就會填補上去。我喜歡晚上睡前寫手帳，雖然容易睡魔襲擊，但是在一天結束之前，回憶整天發生的大小事很有趣呢！

新手挑選手帳小測驗

入門新手在挑選手帳時，可以針對下面這幾個小問題先做一下測驗喲！看看有符合幾個選項：

☐ 習慣背著大包包
☐ 喜歡寫字
☐ 包包裡面有筆袋
☐ 喜歡拍照
☐ 隨時會想記錄事情
☐ 喜歡收集傳單
☐ 喜歡貼紙（紙膠帶）
☐ 喜歡畫圖
☐ 喜歡看別人如何手帳應用
☐ 喜歡收集報章雜誌裡面的圖片，文字

8~10 項 建議考慮使用日記事手帳。每天一頁的記錄，可以讓你把喜歡的事項全部放進去，搭配時間軸來記錄書寫，會更清楚知道自己一天行程的安排，日後回憶也很棒！

4~7 項 建議考慮週記事手帳。每週兩頁可以把工作行程安排進去，偶爾想要收集票根或是畫小插圖時也會有空間發揮。

0~3 項 建議考慮月記事手帳。一個月兩頁可以把重點行程放上去，搭配後面的空白頁面，偶爾想要寫寫小日記也有地方可以書寫。

小熊說：

如果喜歡用水彩或鋼筆來書寫，可以挑選 Midori 系列和ほほ日手帳。這兩間廠牌的紙張都很耐水，不用擔心墨水會滲透到隔頁。如果喜歡線條和比較簡約的風格，可以挑選 Moleskine，軟皮或硬皮的封面都很有質感。

POINT

來年的手帳挑選

很多朋友們問我，明年的手帳選定了嗎？
以下就是我選定的後宮嬪妃，介紹給大家看看囉！

日記事

雖然之前一直嫌棄ほぼ太笨重，要出門攜帶
實在不方便，沒想到從 2015 年開始他們就推
出了上下兩冊的半年本。這對我的肩膀來說
真是一大福音！外加上很喜歡小方格的手帳
頁面，所以就選他了。

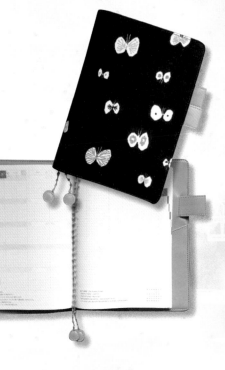

週記事

一直以來用慣的 Moleskine 依舊是
我週記事選擇，這樣的手帳封面雖然
單調，但是出門工作時使用真是太適
合了。選擇的依舊是軟皮封面，可以
隨手凹折。

旅行本

挑選了 Midori 系列的空白手帳，這回特別偏愛這款「袋鼠」手帳，可以把票根一起收納進去，也可以依據自己的需求，把紙張裁開變成大頁面；另外，旅行手帳的挑選會偏好是線圈裝訂的，這樣黏貼票券也不用擔心手帳會合不起來了！

空白本

MUJI 的植林木系統筆記本是好選擇，紙張滑順、厚薄剛好，用色鉛筆上色很適合。

依照不同的目標，找到適合的手帳夥伴！

工作手帳

隨著工作的改變，這兩年多了一些新手帳來安排生活。週記事換成有明確時間軸分配的國譽自分手帳，讓自己每天行程更清楚些，也比較好安排新的工作。

旅行手帳

短程旅行或是上進修課程會使用 Traveler's notebook，TN 的好處是每本都不會太厚，短暫的課程或旅行記錄可以分本來寫，也可依照自己的喜好把它們組合在一起，想要分開攜帶時很輕鬆就能把不同本分開。

日記事與特殊類手帳

迪夢奇的 to go 日記事，在遇到重大事件時可以好好記錄每天的工作狀況，這樣也會給自己一些時間壓力，比較容易在預定的時間內完成工作。

而特殊的「專案日誌」，則可以把每一份新接到的工作分開紀錄細節，從開始到結束像是玩遊戲一般的有趣，讓工作也變得有趣許多。接下來，就跟著我一起看看這些迷人的特色手帳吧！

Kokuyo 國譽 自分手帳（週記事本）

　　日本廣告人佐久間英彰和 Kokuyo 合作設計的手帳本，是我這兩年開始喜歡使用的週記事本。

　　單週跨兩頁，不論平日或週末，每天都有明確的時間分隔而且會把 24 小時都列出來，坊間有很多週記事本，都將週六、週日兩天合併在同一格裡面，這樣使得週末兩天的計畫會比較難詳細記錄。這款手帳的形式很方便記錄大小事情發生的時間，我也會把正在進行中的計畫先標記在上面，把正確的執行時間另外用一個顏色註記一次，這樣方便瞭解自己的工作效率和時間規劃，長時間下來會幫助自己更容易做時間管理。

除了特別的週計畫格式外，裡面有許多實用的表格也是我很喜歡的。像是有記錄一年看過的書籍或電影的表格，買書時就可以登記上去，這樣也不用擔心自己是否會買到重複的書籍，看著列表也可以知道自己的書是否已經閱讀完畢；看電影也可以記錄是在什麼地方觀看或是跟哪些朋友一起觀賞，還可以有個小小的評分。

也有送禮表格，方便記錄送過朋友的禮物和收到來自朋友的禮物，提醒自己曾經收到哪些禮物，別忘了適時回個小禮以維持朋友之間的關係。還有每個月可以記錄自己發生的大事件和世界上發生的大小事。

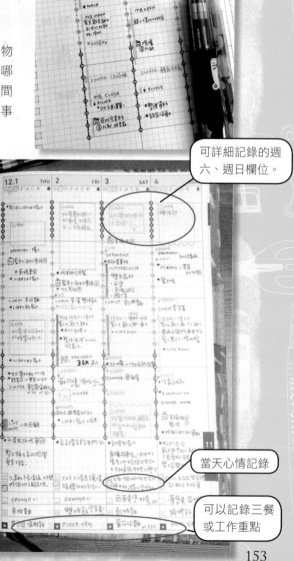

可詳細記錄的週六、週日欄位。

當天重大事件

待辦事項
活動展覽

清楚的時間軸，
方便規劃行程。

當天心情記錄

可以記錄三餐
或工作重點

Traveler's notebook

　　自己的手邊有兩本 TN 手帳，一本是標準尺寸一本是護照尺寸。TN 最大特色就是可以在一本封皮裡，放進不同功能性的手帳本，還有一些收納工具可以添加，讓手帳本變得獨一無二。

　　我自己最常使用的是牛皮紙本跟一般紙空白本，會拿來當成旅行記錄或是進修的課程筆記。出國時機票護照剛剛好都可以收納在本子裡面，一本放在背包裡，去到哪邊都十分方便呢！

　　TN 紙質很特別，在上面用鋼筆書寫或是用水彩畫圖都不會透印到背面，這樣讓我在使用時可以很放心的隨意創作，不用擔心這頁畫完下一頁的筆記會被弄糊掉。

365 notebook

　　第一次看到 365 的紙張覺得很有親切感，紙質非常的輕薄有半透明的效果。後來才知道他是一間有百年歷史的日曆製造廠商，自行開發的紙做成的筆記本。因為紙張很輕薄，一本裡面有 380 頁拿在手上卻十分輕盈不會笨重，外帶出門當作靈感發想本很合適。

　　我常常用鉛筆在上面畫一些草圖，用隔頁的紙透印著線條直接上色，這樣呈現出來的效果很獨特且有趣味。這款紙張拿來蓋印章也很不錯，獨特的吸墨特性，讓印章線條清晰又容易蓋出完整的圖樣。旅行時，我會把紙張裁成小張，當作是印章收集冊。

日記事與特殊類手帳

迪夢奇 Dimanche

★ 第一次用迪夢奇是用 to go 倒數日計畫本。那時候自己正要籌備婚禮，有很多計畫雖然寫在手帳本上，但好像不是很容易查找。偶然在書店看到有倒數的本子可以用，一天有兩頁可以方便書寫紀錄，尺寸大小可以讓拿到的資料收集在一本裡面，婚禮結束後，這個本子就成為我最好的紀念品。

★ 最近開始使用的是「專案日誌」本，裡面每個專案頁設計的像是大富翁遊戲一樣，繞一個圈工作就算完成了，讓在記錄工作的時候增加許多樂趣。裡面還附有很多標籤貼紙，可以讓自己手邊的每個工作依照顏色來做區分（這點我超喜歡），對於我這個視覺動物來說是貼心又獨特的設計！

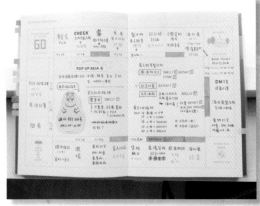

照片提供／迪夢奇

後記

　　寫手帳記錄是一件很好玩的事情，有許多人會想說，這樣會不會有壓力？其實，在寫的時候只要想著自己要給未來一些什麼樣的回憶，抱著這樣的心情來寫手帳，就會每天都很期待著寫手帳的時光。

　　有些人喜歡清新的日式風格，運用單色系的的裝飾物品（像是紙膠帶、色鉛筆等）就可以很輕鬆的表現出那樣的風格；有些人喜歡熱鬧活潑的畫面，用色可以更鮮明，搭配上喜歡物品的照片，就可以創造出很有活力的畫面。又有些人喜歡可愛的風格，可以收集自己喜歡的卡通圖像貼紙或是用筆把它描繪在手帳上，可愛的風格就呼之欲出囉！

　　手帳好玩的地方在於，它沒有一定的規則，甚至可以自己買空白本來做裝飾，把需要的內容通通填寫繪製進去，依照自己的特性創造出獨一物二的自我風格。希望看到這邊，你也想準備記錄自己的生活，拿起順眼的手帳本，從現在就開始寫吧！

bon matin 56

原來手帳這樣玩！
跟著小熊塗鴉、拼貼、隨手寫，記錄生活享樂每一刻

作　　者　　鄧小熊（鄧家瑛）

總 編 輯　　張瑩瑩
副總編輯　　蔡麗真
責任編輯　　楊玲宜
封面設計　　耶麗米工作室
美術設計　　徐小碧
行銷企畫　　林麗紅

社　　長　　郭重興
發行人兼
出版總監　　曾大福
出　　版　　野人文化股份有限公司
發　　行　　遠足文化事業股份有限公司
　　　　　　地址：231 新北市新店區民權路 108-2 號 9 樓
　　　　　　電話：（02）2218-1417　傳真：（02）8667-1065
　　　　　　電子信箱：service@bookrep.com.tw
　　　　　　網址：www.bookrep.com.tw
　　　　　　郵撥帳號：19504465 遠足文化事業股份有限公司
　　　　　　客服專線：0800-221-029
法律顧問　　華洋法律事務所 蘇文生律師

印　　製　　凱林彩印股份有限公司
初　　版　　2014 年 10 月
修訂二版　　2017 年 9 月

國家圖書館出版品預行編目 (CIP) 資料

原來手帳這樣玩！：跟著小熊塗鴉、拼貼、
隨手寫，記錄生活享樂每一刻 / 鄧家瑛著 . --
修訂版 . -- 新北市：野人文化出版：遠足文
化發行 , 2017.09
　　面；　　公分 . -- (Bon matin ; 56)
ISBN 978-986-384-229-3(平裝)

1. 筆記法

019.2　　　　　　　　　　　106014648

原來手帳這樣玩！
線上讀者專用線上回函
QR Code

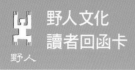

野人文化
讀者回函卡

野人文化部落格 http://yeren.pixnet.net/blog
野人文化粉絲專頁 http://www.facebook.com/yerenpublish
文具手帖粉絲專頁 http://www.facebook.com/#!/stationarylifestyle

書 名

姓 名 □女 □男　年齡

地 址

電 話 公　　　宅　　　手機

Email

□同意 □不同意 收到野人文化新書電子報

學 歷 □國中（含以下）　□高中職 □大專　□研究所以上
　　　□生產/製造　　□金融/商業　　□傳播/廣告　　□軍警/公務員
職 業 □教育/文化　　□旅遊/運輸　　□醫療/保健　　□仲介/服務
　　　□學生　□自由/家管　　□其他

◆你從何處知道此書？
　□書店 □書訊 □書評 □報紙 □廣播 □電視 □網路
　□廣告DM □親友介紹 □其他

◆你以何種方式購買本書？
　□書店：名稱＿＿＿＿＿＿ □網路：名稱＿＿＿＿＿
　□量販店：名稱＿＿＿＿＿ □其他＿＿＿＿＿

◆你的閱讀習慣：
　□親子教養　□文學 □翻譯小說□日文小說□華文小說 □藝術設計
　□人文社科　□自然科學　□商業理財　□宗教哲學 □心理勵志
　□休閒生活（旅遊、瘦身、美容、園藝等）　□手工藝／DIY　□飲食／食譜
　□健康養生 □兩性 □圖文書／漫畫 □其他 ＿＿＿＿＿＿

◆你對本書的評價：（請填代號，1.非常滿意　2.滿意　3.尚可　4.待改進）
　書名＿＿＿封面設計＿＿＿版面編排＿＿＿印刷＿＿＿內容＿＿＿
　整體評價＿＿＿

◆希望我們為你增加什麼樣的內容？

◆你對本書的建議：

廣　告　回　函
板橋郵政管理局登記證
板橋廣字第１４３號

郵資已付　免貼郵票

23141
新北市新店區民權路108-2號9樓
野人文化股份有限公司 收

野人

請沿線撕下對折寄回

野人

書號：bon matin 56

原來手帳這樣玩

小熊著色貼紙 ＊ 鄧小熊──著